a

Contenido

c

Madrid   Noviembre 2020

Autor

Manuel Alcaraz Paterna

Fundador y director de:

Astralis. La escuela de sueños lúcidos y viajes astrales de Madrid

http://www.astralisescuela.com/

manuel@astralisescuela.com

En primer lugar quisiera agradecerle, querido lector, su valentía en adquirir este mi primer libro acerca de una temática tan desconocida como curiosa.

En segundo lugar me gustaría pedirle el favor de que se tomara este libro con la suficiente apertura mental en relación a su contenido y concédale la oportunidad de cierta veracidad, que para mí es absoluta, pero no puedo pedirle el mismo grado de juicio.

Los estados alterados de conciencia han sido a lo largo de la historia humana fuente del inicio de los más grandes mitos de todas las culturas y a su vez un enorme misterio.

También todas las corrientes religiosas han bebido de estas fantásticas experiencias a lo largo de la historia.

Es una necesidad humana responder ciertas preguntas que nos acompañan desde los albores de los tiempos y quizá estemos mirando solo en una dirección totalmente material y estemos dejando de lado la otra visión, más vaporosa y que por no poder reproducirla en laboratorios quede automáticamente descartada.

A mí personalmente me valen las dos corrientes de pensamiento, no reniego de ninguna y creo, en mi modesta opinión que ambas deberían ser complementarias, me refiero a la ciencia y a la espiritualidad.

Ahora es sabido que muchas de las actuales referencias al Cosmos y su funcionamiento a niveles subatómicos de la ciencia fueron descritas con mucha anterioridad en los antiquísimos tratados de la filosofía Hindú. Estas teorías están siendo refrendadas por la ciencia de lo más diminuto, la física cuántica. Y se hace curioso comprobar que los Vedas ya lo describieron así hace miles de años.

Lo que trato de explicar es que no sea excesivamente duro con mi relato y le dé el margen de tolerancia que se le daría a alguien que se ha desnudado con sinceridad, para mostrarse al mundo tal como es por dentro y por fuera, aún a riesgo de hacer el más espantoso de los ridículos.

Mi historia comienza en mi propia infancia y los problemas que tuve, como otros miles, millones quizá, de niños por las noches con los hoy y a mi juicio mal llamados terrores nocturnos.

Desde tierna edad sufrí la llamada "Parálisis del sueño" y sus efectos que puede ocasionar en la psique de un chico de corta edad, que nunca buscó ayuda y que a través de los años esta parasomnia se mantuvo e incrementó.

De cómo lo viví a lo largo de todas mis etapas de mi vida y como, al fin, pude comprender lo que me sucedía.

No fue solo gracias a la ciencia, a la que aun así le estoy muy agradecido por sus concepciones psicológicas que también ayudaron a dar forma a mi teoría.

Fue gracias al estudio concienzudo de las diferentes corrientes religiosas y espirituales, además de las esotéricas que finalmente, todas juntas, me despejaron el horizonte, a mí y espero que a muchas más personas que padecen esta fenomenología por todo el mundo, de todas las razas, credos y condiciones.

Dedico este libro a todos ellos

Descripción:

La parálisis del sueño es un fenómeno natural que consiste en la paralización de los músculos del cuerpo mientras se duerme, evitando los movimientos del cuerpo, nuestro cerebro así evita que el cuerpo pueda sufrir algún tipo de daño, caída o lesión.

Se produce en la fase de sueño profundo REM (Rapid Eyes Movement) (Movimiento Rápido Ocular) y se da en el momento en que desarrollan nuestros sueños dentro de las diferentes fases del sueño.

Este fenómeno proviene de nuestra etapa de cuando éramos monos y vivíamos y dormíamos en los árboles. No es de extrañar que nuestro cerebro ingeniara algún mecanismo automático e inconsciente de defensa para evitar una caída desde un árbol, que sin duda sería letal para cualquier criatura.

El problema viene cuando nos despertamos a mitad del sueño, recobramos la consciencia y nos damos cuenta de que no podemos movernos, estamos paralizados.

Nuestra consciencia ha ido más rápida y se ha despertado antes que nuestro cuerpo, que permanece en estado de parálisis.

Intentamos movernos y literalmente el cuerpo no responde, incluso no podemos controlar nuestra propia respiración, con el susto y agobio correspondiente.

Hay personas que sienten este síntoma como si tuvieran una gran presión en el pecho, que les impidiera respirar.

En realidad lo que sucede, es que los pulmones son dirigidos por el sistema nervioso parasimpático, que es el sistema de regulación de las funciones vitales y es involuntario.

De ahí que andemos, en ese momento en modo automático y no podamos acelerar el ritmo respiratorio, lo que genera una gran sensación de agobio, ansiedad y falta de aire.

En resumen, quien sufre la Parálisis del sueño por primera vez se puede alterar y asustar ya que nuestra percepción y consciencia está totalmente despierta, podemos oír, ver (aún incluso con los ojos cerrados) oler y sentir. Pero nos es imposible movernos o gritar, ya que todos los músculos se encuentran inoperantes.

¿Qué hacer?

Si usted sufre por primera vez esta situación debe de intentar tranquilizarse, sé
por experiencia propia, que es muy fácil decirlo y otra cosa es vivirlo en primera
persona, lo entiendo perfectamente.
La solución para salir de este incómodo estado es relajarse e intentar mover un
dedo de la mano o del pie, sin prisa y concentrándonos en realizar ese
movimiento, al final lograremos moverlo y nuestra parálisis desaparecerá y
despertaremos automáticamente.
Si no puede controlar su respiración, lo más importante es relajarse y no forzar
la respiración, eso nos alteraría todavía más, tranquilícese e intente mover
algún dedo o abrir los ojos, concéntrese en ello, al transcurrir algunos segundos
lo logrará sin duda.
Para las personas religiosas funciona muy bien pensar en Jesús o en la Virgen,
cualquier personaje religioso en quien crea usted podrá servir para
encomendarse a él y salir de esta situación.
Una vez despiertos es conveniente, levantarse y andar un poco. Ya que si
obviamos esto y simplemente nos damos media vuelta en la cama, tenemos
muchas probabilidades de caer de nuevo en otro episodio.
No se obsesione ni piense en ello, más que como si de una pesadilla se tratase.
Haga su vida normal y trate de olvidarse.

Alucinaciones:

Dentro de la parálisis del sueño, estamos en un estado que se podría denominar
que está a caballo entre dos estados diferentes, el de la vigilia y el sueño.
Ya que no estamos despiertos del todo pero tampoco dormidos, ambos mundos
se dan la mano.
Es precisamente ahí cuando pueden darse cierto tipo de alucinaciones y que
creamos tener al lado ciertas presencias, que no hacen más que acrecentar el
estado de ansiedad y miedo.
Cada persona lo vive de una manera diferente, subjetiva y condicionada por su
sistema de creencias y temores. Mientras unos pueden sentir presencias
extrañas en su habitación, otros afirman ver espectros o fantasmas, otros

alienígenas y otros súcubos o íncubos; depende del folklore o la religión de cada individuo.
Según varios estudios entre el 50 y el 60% de la población puede o sufrirá algún episodio de parálisis del sueño a lo largo de su vida. Yo me atrevería a decir que el porcentaje incluso podría ser mayor debido a que muchas personas no lo cuentan.

Hasta aquí las explicaciones "oficiales" del fenómeno.

La gran manipulación de la Parálisis del sueño:

Lo curioso del tema es que en la famosa Wikipedia tratan el tema de una manera excesivamente frívola y cómo si se tratase de una enfermedad o trastorno del sueño al nivel del sonambulismo   o el síndrome de piernas inquietas.

Enlace Wikipedia Parálisis del sueño

Me llama poderosamente la atención cómo un artículo científico es tratado de manera tan poco científica, por el motivo de dar las explicaciones con el objeto de infundir terror a todo aquel que quiera consultar.
Nada más lejos de la realidad, la parálisis del sueño debe de ser considerada y tratada de manera más seria y rigurosa para analizar en profundidad no en sí las causas, sino más bien los efectos que nos produce y su significado.
Me explico, para mí la parálisis de sueño podría ser considerado como un dialogo consciente con nuestro subconsciente.
Se entremezclan ambos mundos (Vigilia y sueño), hablan entre sí, se expresan y debemos ser valientes en escuchar lo que nos quiere decir nuestro subconsciente.
En este escrito trataré de explicar mis experiencias desde la edad de 3 años (tengo 49 años) hasta el día de hoy conviviendo con este fenómeno, que puedo asegurar no es un trastorno ni mucho menos una enfermedad, por mucho que insistan en ello.

Cierto es que algunos episodios son verdaderamente angustiosos y producen situaciones de terror, pero eso es solo al principio.

Nuestro cerebro ante una situación desconocida ante la cual no nos hemos enfrentado nunca, tiende a ponerse en modo supervivencia, nos pone alerta. De ahí surgen los miedos más primitivos y más escondidos de nuestro ser.

Es normal, que en una situación totalmente anómala tendamos a desconfiar de lo que estamos viendo, pero es nuestro propio cerebro quien va rellenando los huecos de esta realidad difusa con lo que para nosotros pueda tener sentido, en este caso va a tomar elementos que han sido implantados desde nuestra niñez en nuestro subconsciente, tales como demonios, monstruos, fantasmas, entidades malignas etc.

Si han llegado a esta página, es porque, quizás, hayan vivido esta experiencia de una manera tan real y les preocupa que se vuelva a repetir.

Les comprendo perfectamente y si les ha pasado una sola vez es muy posible que no vuelvan a experimentarlo nunca más.

Si lo experimentan en más ocasiones pueden centrarse en la solución que les ofrezco en el apartado de arriba ¿Qué hacer? Si desean liberarse de la experiencia.

Si es un fenómeno recurrente y no puede evitarlo debería leer todo el libro para profundizar más en el asunto y aprender a cómo poder llegar a dominarlo y sacar provecho de él. Eso sí, necesitará una buena dosis de valor para enfrentarse y superar sus etapas iniciales (las más duras) y adentrarse más en la experiencia. Le aseguro que es increíble lo que se puede lograr desde la parálisis del sueño, se podría decir que es un estado alterado de la conciencia que todo ser humano es capaz de alcanzar, un **Estado Alterado de Conciencia Voluntario** y lo mejor de todo: Sin drogas ni hipnosis y con pleno control de la situación.

Le invito a pasar a este mundo nuevo y sorprendente, le invito a leer mis experiencias, mis miedos y como me enfrenté a esta situación y logré superar y a desenvolverme con naturalidad en este otro mundo. Lo que explicaré más adelante en este libro.

Mi propia experiencia:

Yo no soy médico, ni psicólogo ni psiquiatra, no tengo cátedra en ninguna parte, no poseo título ninguno en neurología.

Soy una persona normal, que he convivido con este fenómeno desde que tengo uso de razón. 46 años de experiencias dan para mucho, en primer lugar para asustarse durante mucho tiempo y llegar a tener verdadero miedo a dormir. Después te vas acostumbrando y descubres que hay algo más detrás de lo cotidiano y de lo que observamos como realidad, existen otras realidades a las que podemos tener acceso, pero estas han sido, muy hábilmente, manipuladas por los propios creadores de las religiones para que no podamos acceder a ellas de manera natural.

Nos han programado para temer por defecto, para huir de estas situaciones, que para nosotros son anómalas, pero no deberíamos considerarlas como tal, sino más bien deberíamos considerarlas como parte inherente del propio ser humano y de sus capacidades innatas y espiritualidad, tan mal comprendida y peor explicada por las grandes religiones, que son quienes han secuestrado la verdadera esencia de la espiritualidad humana desde el principio de los tiempos, nos han adoctrinado, dogmatizado y nos han hecho creer sus supersticiones, como camino único válido y verdadero sin opción a réplica, pues lo siento, yo discrepo, no hay un solo camino y no todos los caminos llevan a Roma. A su ROMA particular, que no es otra cosa que la negación del AMOR, pero escrito al revés para anular su efecto.

¿Cómo lo han conseguido?

En todas las religiones existen supuestos terribles demonios, que supuestamente viven en mundos paralelos al nuestro.
Nos han hecho creer que si nos adentrábamos en estos territorios, nuestras vidas y nuestras almas correrían un gran peligro. En definitiva, nos han condicionado a temer lo desconocido y huir de ello.
Con ello consiguen que no nos atrevamos a indagar estos mundos alternativos de la conciencia, algo muy importante debe haber detrás de todo esto ya que han empleado mucho esfuerzo en programarnos a todos para mantenernos fuera.
En mi modesta opinión considero que son terrenos tan humanos y reales como esta propia dimensión en la que vivimos y se nos niega el acceso por la religión y por la propia ciencia que nos tacha de alucinados. Otra vez más, negando todo aquello que no pasa por sus preceptos y quién sabe si podría ser una de las claves de la liberación humana.

Solo hace falta darse una vuelta por la web para ver la cantidad de desinformación que existe, literalmente es vergonzoso comprobar cómo se pretende alejar a cualquiera de adentrase en estos temas.
Es cierto que se pueden tener episodios realmente angustiosos, pero aseverar que la parálisis del sueño solo son simples alucinaciones, es como decir que un océano cabría en un vaso, es ridículo. Hay mucho más detrás ¡muchísimo más! Lo que sucede es que cuando tenemos un episodio de parálisis y acudimos preocupados al médico o peor aún a la web, por norma general salimos peor y con un concepto prefabricado de historias terroríficas que nos hace desistir de cualquier tipo de intento de profundización.
La manipulación es evidente a todos los niveles

¿Qué es para mí la Parálisis del sueño?

Como antes os había comentado, me ocurre este fenómeno desde que era un niño.
Eran episodios esporádicos y os aseguro que intentaba evitarlos, no me gustaban nada, tenía mucho miedo.
No fue hasta hace bien poco que decidí enfrentarme a ello con todas mis fuerzas y sorprendentemente el fenómeno se transformó radicalmente.
Planté cara y decidí luchar contra estas entidades, les dije ¡basta ya! Me encaré, pude salir de mi propio cuerpo y demostrarles que no eran bienvenidas, que les atacaría si seguían molestándome. Os aseguro que más de una salió corriendo más asustada que yo.
Fue un gran triunfo para mí.
Ya no aparecían entidades oscuras, ni larvas energéticas y si estas lo hacían me desprendía de ellas con suma facilidad. Sin apenas esfuerzo.
Desde ese momento no aparecieron más en mis noches y me permitió profundizar más en ese estado alterado de conciencia y poder explorar e investigar, sin miedo.

Actualmente tengo 49 años y todavía me ocurre, con la diferencia que ahora lo busco y he superado varias etapas donde los terrores y los miedos quedaron atrás, superados por decisión propia.
He probado muchos métodos para salir a lo que se denomina el Astral, unos con mejor fortuna que otros. No voy a hacer un glosario de métodos, porque cada persona es diferente y puede que le funcione un método que a mí no y viceversa.
Desde ese entonces he podido realizar salidas voluntarias de mi cuerpo, viajes astrales al presente pasado y futuro, he viajado a otros mundos con otros seres y

sistemas de vida diferentes al nuestro, dónde no existe el dinero y la vida es mucho más de lo que nos han enseñado aquí, también me he conocido dentro de otras realidades, paralelas a este mundo, con otros yo y lo mejor de todo me reconocía a mí mismo en esas realidades, reconocía mis otras casas, mis otros hijos, mis otras esposas.

Hay todo un mundo por explorar, es inmenso.

Usted podrá o no creerme, yo no tengo otra intención que desnudarme y contar mi experiencia para que sirva a todo aquel que decida avanzar en este terreno tenga un asidero dónde agarrarse, que sepa que no está solo y que, por supuesto, no está loco.

 A día de hoy sigo investigando y analizando el fenómeno.

Por mi parte, iré exponiendo las claves de mis experiencias, para que les puedan servir de ayuda

Y sobre todo una cosa, no tengan miedo, tengan muy claro que ustedes son mucho más fuertes que todo lo que nos han contado, la gran cuestión es que lo ignorábamos hasta ahora

Metodología

En primer lugar vamos a definir los diferentes estados mentales y sus principales diferencias:

- **Sueño lúcido:**

Es el estado de sueño normal, donde nos damos cuenta que estamos dentro de un sueño.

Por decirlo de otra manera, es como si despertara nuestra consciencia dentro del propio sueño, pudiendo así realizar acciones e interactuar de manera segura, sabiendo que nada nos puede pasar ya que es un sueño. Y así realizar nuestra voluntad con el medio y los personajes que nos aparezcan.

-    **Viaje Astral:**

Es la acción de viajar conscientemente al lugar que nos propongamos. Para ello es preciso salir del cuerpo voluntariamente y ser testigos de cómo se produce esta acción de salida.
Podremos comprobar que nuestro cuerpo físico yace tranquilamente en la cama y nuestra conciencia se ha trasladado a otro cuerpo, que llamaremos cuerpo astral, desde justo ese momento y lugar podremos iniciar el viaje pensando en el lugar de destino.
También desde un sueño lúcido proponernos viajar a algún lugar determinado por nosotros.
La diferencia principal entre sueño lúcido y viaje astral, es que en el primero no creamos el escenario del sueño, si no que nos viene dado por nuestro subconsciente.
Mientras en el viaje astral somos nosotros quienes creamos la realidad conscientemente a partir de un deseo y nuestro subconsciente la construye a nuestro antojo.

-Estado de conciencia alterado (ECA) o Estado voluntario de alteración de conciencia (EVAC):

Este estado es el más complejo y difícil de alcanzar de forma voluntaria.
Se trata de salir del cuerpo físico y deambular con el cuerpo etérico o astral.
Por norma general, este estado se da en salidas naturales involuntarias desde el sueño profundo y lo realizamos todas las noches.
Pero no somos conscientes ni del momento en el que se produce ni tampoco registramos en nuestra memoria absolutamente nada, es como si hubiera una laguna o vacío, no recordamos nunca el momento justo en el que empezamos a soñar.
Pero, en determinadas ocasiones, si podemos ser conscientes de cuando se produce el evento. Y es en esa línea delgada que existe entre la vigilia y el sueño.
Por regla general al atravesar esa línea estamos sin consciencia, nuestro cerebro se ha preparado para entrar en el modo sueño y ha cambiado su frecuencia de funcionamiento.

No registra nada del exterior y es entonces cuando el subconsciente toma el mando de la situación.
Solo si logramos llegar a esa frontera con nuestro consciente activo podremos observar la transición cuasi mágica del cambio de estados.

Esto se puede dar al principio del sueño o inmediatamente después del mismo, o sea a la entrada o salida del sueño.

Cuando se entra en el estado de sueño se hace junto a la parálisis del sueño, para evitar que nos movamos y podamos lastimarnos mientras dormimos. Si alguien llega a esta frontera intermedia se encontrará, irremediablemente, paralizado por completo, pero con plena consciencia.

Ese es el preciso momento que tenemos que aprovechar para salir al mundo onírico con consciencia, en esa delgada línea se nos abre una puerta de infinitas posibilidades.

Las personas que lo hemos comprobado, literalmente, hemos alucinado de la sensación que da el verse ligero como el aire para desplazarte a antojo sin impedimentos físicos, poder levitar, volar en el mismo escenario donde te has dormido y con plena consciencia de todo lo que hay a tu alrededor.

El salir fortuitamente del cuerpo durante una siesta o cuando duermes por la noche y con plena consciencia lo llamo **Estado de conciencia alterado (ECA)**

El provocar voluntariamente la salida del cuerpo lo llamo: **Estado voluntario de alteración de conciencia (EVAC)**

¿Cómo conseguir un EVAC?

A continuación quisiera explicaros cómo podemos alcanzar un estado de Conciencia alterado desde la meditación y con voluntariedad (EVAC).

Voy a relatar la metodología que utilizo para llegar a este estado mental.

Después de probar un sinfín de métodos diferentes, el que mejor me funciona es sin duda la meditación.

Pero no la meditación tal y como se enseña en la cultura oriental, sino una más específica para poder alcanzar más fácilmente el estado alterado de conciencia voluntario (EVAC).

Lo más útil, para mí, ha sido emplear el método llamado YOGA NIDRA, pero con algunas variantes de mi propia cosecha.

En las culturas ancestrales se nos indica que debemos adoptar una postura sentados con las piernas cruzadas… Obviamente he meditado en esta posición durante años y os puedo asegurar que siempre acabo con las piernas dormidas y/o doloridas.

No quiero decir que no sea un buen método, pero para alcanzar un estado voluntario de alteración de conciencia (EVAC) tardaríamos siglos. Primero en acostumbrar nuestro cuerpo a la postura y segundo en llegar al estado mental requerido.

Los orientales están mucho mejor acostumbrados a permanecer en esta posición sin sufrir como nos pasa a los occidentales.

Es de suma importancia poder relajar el cuerpo y poder olvidarnos de él. Pero si la propia postura de meditación nos lo impide por el dolor o el adormecimiento difícilmente alcanzaremos nuestro objetivo.

Solución: Como antes he mencionado, el Yoga Nidra.

Éste consiste en meditar desde una posición tumbada, en una cama o lugar confortable, boca arriba con los brazos a los lados del cuerpo, las piernas separadas dos palmos y con las puntas de los pies hacia afuera.

Buscamos la comodidad, recuerden buscar su posición natural para facilitar la relajación completa

Debemos realizarlo en una estancia cómoda, sin ruidos y a ser posible con una luz media, ni muy excesiva ni tampoco a oscuras.

Esto es muy importante, ya que cuando salgamos influirá la cantidad de luz que haya en la habitación para que nos permita vislumbrar todo lo que nos rodea.

Una vez acomodados, procederemos a la relajación.

Podemos utilizar nuestros métodos habituales de relajación, aunque no recomiendo ningún sistema sonoro ya sea música o meditaciones guiadas. Eso distrae nuestro cerebro y lo induce por caminos que no son los nuestros.

Debemos dejar llevarnos por nuestra intuición.

La respiración comienza con profundas inspiraciones, pero lentas.

Ej: inspirar 5-7 segundos

Expirar: 5-7segundos

Haciendo pausa de 1s entre cada una

Así permanecemos durante un tiempo indefinido, pueden ser de 2 a 5minutos después dejaremos que la respiración se haga involuntaria y tome su ritmo, normalmente se hace más y más liviana y calmada.

Veremos cómo se nos va la nocion del tiempo y podremos estar perfectamente así una hora y al regresar creeremos haber estado solo 10 min.

Cuando observe que la posición inicial comienza a hacerse incómoda le voy a pedir algo que jamás se lo pedirá ningún guía ni maestro:

¡GÍRESE DE LADO Y ÉCHESE A DORMIR!

¿Cómo? ¿A dormir? ¿Qué está diciendo?

Pues exactamente eso, trate de dormirse, pero sin dejar de permanecer alerta y consciente.

Desde siempre he entendido de los maestros y gurús que es un sacrilegio dormirse en una meditación….

Pero quizá haya algo que no nos han contado, incluso ni a ellos mismos y por eso se ha extendido este mito de forma intencionada.

Buda entraba en trance en el estado voluntario de alteración de conciencia (EVAC) y lo debió hacerlo dormido.

De otra manera no se explica, para llegar a un EVAC debes pasar por la parálisis del sueño necesariamente.

Desde una posición sentada es imposible llegar a una parálisis del sueño, ya que tenemos varios músculos de las piernas, espalda y cuello implicados en ejercer fuerza, por pequeña que sea esta, que nos impide que nos caigamos.

Por lo tanto hay una orden consciente desde el cerebro en que no se relajen determinados músculos para así mantener la posición del loto (sentado), lo que nos imposibilita para acceder a la parálisis y por consiguiente a un EVAC.

Lo puedo decir más alto, pero creo que se entiende

Lo siguiente es intentar permanecer atento, es el paso más difícil ya que nuestro cerebro estará intentando cambiar de modo, de modo vigilia a modo sueño y lo más probable es y siento comunicárselo, que se quede frito.

Yo solo he conseguido una vez en mi vida lograr entrar en el sueño con consciencia, eso sí ha sido una de las experiencias más gratas y sorprendentes de las que he vivido.

Pero no se desanime, tenemos otra oportunidad y esta viene justo en el momento de salir del sueño

Lo que es imperante es permanecer quieto, no mover un solo músculo, justo en el momento en que salimos del estado sueño. ¡Quietos todos! Si nos movemos despertaremos y todo se irá al traste.

A la vuelta del sueño todavía permanece, por solo unos segundos, la parálisis del sueño.

Debemos hacer todo lo posible por quedarnos en este estado, sin movernos y con la consciencia recuperada.

Justo en ese momento debemos relajarnos y dejarnos llevar ¡es el momento exacto! Es nuestra segunda oportunidad y no la podemos desperdiciar.

Relájese e intente flotar en el aire o salir de su cuerpo sin movimientos bruscos, sin mover un músculo, despójese de su cuerpo físico y pruebe su cuerpo etérico, le va a sorprender…

Más adelante relataré técnicas de cómo salir del cuerpo físico.

Si usted no logra tener éxito en los primeros intentos, no se preocupe ni desanime.

Con voluntad lo conseguirá, estoy convencido de ello.

Dentro de las alucinaciones, una de las más habituales suelen ser los íncubos y/o los súcubos.

Estos se remontan a los albores del tiempo, hay referencias de ellos desde la antigua Sumeria, la edad media donde se calificaban como demonios con forma de hombre (Íncubo) o de mujer (Súcubo).

Atacaban sexualmente a sus víctimas mientras dormían, para extraerles la energía.

Esto es una creencia que está arraigada por todo el mundo, en Europa, América, África, Asia etc. No es algo particular de una zona determinada, es algo muy común en todas partes, eso sí con sus diferentes variantes respecto a los diferentes folclores.

Hasta aquí las explicaciones oficiales.

Mi primera experiencia con un Súcubo:

Barcelona, primavera 1987

No fue hasta bien entrada la pubertad que no me había topado con nada similar.
Exactamente no recuerdo la fecha exacta de mi primera experiencia con este tipo de visitantes.
Lo que sí sé, es que fue un acercamiento paulatino, como si no quisieran asustarme demasiado.
Yo por aquel entonces era un joven y apuesto chico de 16 años, muy delgado pero muy fibroso.
Con mucha energía vital y muchas ganas de comerme el mundo.
Vivía preocupado por mi físico y mi aspecto, quería gustar y como todos los jóvenes tenía las hormonas de punta.
No tenía una relación estable con ninguna chica, eran más bien esporádicas y no había sexo salvo contadas ocasiones.

Era entonces estudiante y madrugaba mucho para asistir a las clases del instituto.
Por lo que al llegar la tarde me solía acostar un rato a echar una siesta.
También, todo hay que decirlo, porque notaba cierta excitación en la cama, como si hubiera algo que desde debajo del colchón me empujara desde abajo, cosa que me llamaba poderosamente la atención.

No quiero ser morboso, pero esto lo notaba tan cierto y real como que ahora está usted leyendo estas páginas. No es broma aunque lo parezca.
Notaba literalmente cómo se abultaba el colchón justo en mis zonas erógenas, Parece de locos, pero así fue.
Me parecía divertido, me llegó a gustar esa rara sensación, lo reconozco.
Lo que desconocía, por completo, era que todo eso formaba parte de un maquiavélico plan que más tarde descubrí para mi asombro y estupor.

Los bultos en el colchón no se manifestaban siempre, eran alguna vez que otra y cuando venían, solían excitarme, con movimientos suaves y acompasados.
Era una especie de masaje erótico que a un chaval de 16 años le resulta complicado despreciar.
No puedo aseverarlo con rotundidad, pero estoy convencido de que esta rara experiencia no se daba en el duermevela, yo estaba plenamente consciente y creo que en estado de vigilia, lo que asombra más todavía.
Los movimientos del colchón los notaba tan reales que me llegaron a intimidar.
Normalmente tenía estas sensaciones de tocamientos en el estado entre la vigilia y el sueño. Pero estas en concreto eran mucho más reales y estoy convencido de que eran en vivo y en directo.

El fenómeno fue poco a poco variando, no solía llegar al éxtasis ya que antes de esto, el efecto colchón desaparecía.
Hasta que un buen día, sí que me quedé dormido.
Entonces noté cómo algo tiraba de mí. Me levantaba de mi cama, me volteaba ya que estaba yo boca abajo y me dejaba suspendido en el aire.
Me tenía agarrado con su boca, que tenía pegada a la mía y ejercía una fuerte succión a la vez que me producía una gran excitación.
Además me tenía fuertemente atrapado desde la parte más baja de su cintura.

¡Me habían cazado! estaba completamente inmovilizado por aquella cosa, no tenía escapatoria alguna. Tampoco quise huir, la verdad sea dicha…
Aquel ser, era de lo más extraño que he visto en mi vida, parecía una forma femenina, con la cabeza muy grande, el cuerpo no lo podía ver bien, ya que tenía su cara pegada a la mía, pero creo que era de tamaño pequeño.

No tenía cara definible, esta cambiaba de forma y rasgos, lo que a mí me pareció es que ésta se trasformaba ¡según mi antojo! Si yo quería que tuviera una forma en concreto, su cara cambiaba según mis deseos.
Hubo una especie de comunicación sin palabras, era todo mental, ella se trasformaba según iba leyendo mis pensamientos y accedía a mis peticiones.

No parecía que tuviese brazos, ni tampoco piernas, era muy desconcertante, pero no sentía miedo de ningún tipo, podían más mis hormonas y mi instinto sexual.
Yo estaba más tieso que un palo y agarrado por solo dos puntos: por la boca y lo otro.
El ser me tenía suspendido en el aire y me subía y me bajaba desde la cintura sin despegar su boca de la mía, con movimientos bruscos.
Yo notaba que mis piernas flotaban en el aire y éstas se movían al compás del ritmo que marcaba aquel extraño ser. Entonces fue cuando me dio varios giros, como si de una peonza se tratase, me elevó al techo y me volvió a bajar.
Todo esto sin despegar su boca de la mía. Quería a toda costa que yo llegara al orgasmo.
Tal fue su empeño que así lo consiguió, entonces me dejó en la cama de nuevo, pude ver que este ser no tenía piernas, era solo una cabeza parecida a la de un gris, con enorme y alargada boca, un cuerpo pequeño y de un color marrón oscuro y la parte baja de su cuerpo, la que me tenía sujeto me soltó.
El ser se marchó y me desperté enseguida alterado como nunca lo había estado.
Lo más raro de todo es que yo sabía, perfectamente, que tuve una eyaculación, una gran polución en toda regla.
Pero al despertar y por más que busqué no vi restos por ninguna parte….

Este episodio tuvo lugar con algunas variantes dos o tres veces más, después de esto desaparecieron, hasta mucho más adelante en mi vida no volvieron a visitarme.

Explicación psicológica:

Teniendo en cuenta mi juventud y mi desarrollo físico reciente, este fenómeno se podría explicar como si fuera un estado alterado de conciencia, donde el subconsciente genera una forma indefinida de ser que no podríamos considerar del todo antropomórfico que realiza el acto sexual con el sujeto, en este caso yo.
Y que se podría haber debido al deseo sexual reprimido, por la ausencia del mismo en mi vida real.
Mi subconsciente creó un ser con el que pude experimentar algo que para mí era desconocido y a la vez deseado, tal como una relación sexual completa y satisfactoria.
Cierto es que a esa edad yo ya había tenido algunas relaciones con chicas, pero ninguna de ellas fue satisfactoria, ni para mí ni para la chica dado nuestra inexperiencia.

De esta manera el subconsciente generó algo que yo anhelaba con un fuerte deseo.
Lo que no puedo explicar es la desaparición del fluido corporal.

Explicación alternativa:

Esto se podría considerar el ataque de un súcubo en toda regla.
Según el folclore de muchos países, los súcubos son entidades femeninas que buscan, para alimentarse, la energía sexual de sus víctimas.
En este caso yo, un joven descerebrado que no opuso resistencia, dado el alto nivel hormonal y escasa sensatez ante la situación.
La entidad buscó un acercamiento paulatino y en crescendo, deduzco que no quería asustarme y por eso midió sus apariciones de manera progresiva, para que me fuera acostumbrando a su presencia.
Así, el día de actos, yo no pondría resistencia alguna ya que era lo que en el fondo deseaba y este ser calculó bien su aparición.
Respecto a la ausencia de restos seminales, no puedo explicarlo de manera lógica y tengo que recurrir a mi "folclore" para dar una explicación:
¿Abducción genética? No lo creo.
No lo sé a ciencia cierta, lo que sí puedo aseverar es que no fue en absoluto desagradable, ni forzado si no que hábilmente planeado por esta entidad y llevado a su término.
En relación a la creencia de que estos súcubos drenar la energía sexual de sus víctimas tengo que decir que no me sentí especialmente cansado o aturdido, mis fuerzas no disminuyeron si no que al contrario me vi pletórico de ánimo y fuerzas.

Lo que me lleva a recordar las palabras de uno de los onironautas más famosos, el Sr. Robert Monroe dice en su libro:
"Viajes fuera del cuerpo" lo siguiente:

*[La acción -reacción sexual
en el cuerpo físico resulta un pálido reflejo o un intento desganado de reproducir la forma íntima de comunicación que se da en el Segundo Estado* (Plano Astral) *y
que no es «sexual» en el sentido en que nosotros lo entendemos. En el impulso físico de unión sexual es como si estuviéramos recordando vagamente el climax emocional que se opera entre las personas en el Segundo Estado y lo tradujéramos en acto sexual. Quien considere difícil de*

aceptar esto que piense detenidamente en sus propios deseos sexuales sin los factores que lo condicionan. Que prescinda de normas y tabúes y los analice sin carga emocional. Puede hacerse. Más de uno se sorprendería de cómo puede haber perdido tanto el rumbo el género humano.
(...)
 Si dos polos cargados de electricidad de distinto signo pudieran «sentir» cuando se aproximan uno al otro, «necesitarían» fundirse. No hay barrera que pueda impedírselo. La necesidad aumenta con la proximidad. Primero es obligada, después acuciante, y acaba siendo tan imperiosa que ambos polos se precipitan y se funden el uno en el otro. Se produce en un instante un flujo mutuo de electrones mentales, una adecuación entre las cargas respectivas, y se restablece el equilibrio armónico entre ambas, quedando una y otra revitalizadas. Aunque transcurra una eternidad, todo transcurre en un instante. Después viene la calma y la separación serena.
Es tan sencillo como esto.

Conclusiones

Lo que me lleva a pensar que quizá estemos mirando en la dirección equivocada, malinterpretando un hecho que analizamos solo desde la óptica convencionalista y las ideas que tenemos preconcebidas del sexo.
En otros planos, posiblemente sea algo totalmente diferente y mucho más natural de lo que nosotros creemos aquí.
 Cuando se encuentran dos seres que se atraen, por las razones que sean, ambos se unen en una fusión que complementa a los dos, es una fusión de electrones, como dice Monroe, y que revitaliza a los dos partes.

Esto es algo que puede ser muy habitual en otros planos, por los seres o entidades que los habitan y al interactuar con nosotros los humanos lo podemos interpretar, erróneamente, como sexo y todo lo que conlleva.

Podría ser, tan sencillo como el encuentro de dos almas que se saludan.
Aquí es donde ejercen con fuerza su influencia nuestras creencias, nuestra programación y nuestros tabúes.
Deberíamos ser libres de elegir si nuestro ser desea realmente una experiencia de este tipo, podemos pensar que a lo mejor ¿hemos sido nosotros quienes la hemos propiciado?
En mi caso en particular no me extrañaría nada y ¿se puede hacer usted esa misma pregunta sin los condicionantes sociales?

El sexo no puede ser calificado de la misma manera en este plano con respecto a otros planos, es mi opinión.

Creo que es una cuestión de libre albedrío.

Encuentros no deseados

Otra cosa, muy diferente, son los encuentros forzados.

Cuando el ser o entidad trata de forzar a su víctima, a una relación ni buscada ni deseada.

En estas situaciones y siempre que no sean aceptadas deben ser totalmente rechazadas de plano.

He leído en algunas webs que no debemos enfrentarnos a nuestro acosador/a, que no debemos buscar la confrontación. No se vaya a molestar y enfadar.

Realmente no entiendo cómo se puede aconsejar semejante estupidez.

¿Acaso estamos consintiendo una violación? ¿Le daría usted este consejo a su hija si se topara con un violador?

En el mundo Astral no pueden dañarnos físicamente, no tenemos cuerpo como tal.

Lo que no sabemos es que si podemos defendernos y tenemos armas que desconocemos, solo hay que pensar en un modo de defensa y automáticamente se materializan en nuestro cuerpo Astral.

Por ejemplo, podemos pensar que emanan de nuestro cuerpo miles de haces de luz con punta de flecha. Que emergen de nuestra espalda, lanzas de luz o cristales de cuarzo.

Cualquier cosa ahuyentará al agresor/a y saldrá despavorido/a.

En más de una ocasión he tenido que enfrentarme a situaciones no deseadas y les aseguro que lo mejor es perder el miedo y rechazarlas.

Ahí sí podemos hablar de un drenaje de energía por una larva energética, que lo único que pretende es alimentarse, sin nuestro consentimiento, de nuestra energía sexual.

Que por cierto, es la energía más poderosa después del AMOR.

Cualquiera que tenga encuentros de este tipo y no sean consentidos ni aceptados debe de rechazarlos, hacérselo saber a su agresor y si éste no desiste emplear estas técnicas que antes ha relatado.

Espero que mis experiencias les abran un nuevo camino de entendimiento, como lo están haciendo en mí.

En breve relataré más episodios con súcubos o larvas energéticas sexuales.

Disfruten ahí fuera, pero también estén alerta y cuídense mucho.

Elevar la Frecuencia vibratoria ¿Despertar la Conciencia?

En este post quisiera tocar un tema controvertido como es el despertar de la conciencia, que son los que me gustan, pero dándole un giro.
Pero desde la perspectiva de un estado alterado de conciencia ¿Podemos elevar nuestra frecuencia vibratoria? ¿Podemos recibir señales que en una situación normal seríamos incapaces de percibir con nuestros sentidos físicos? ¿Está nuestro cuerpo preparado para recibir e interpretar estas señales?
La respuesta a todas las preguntas anteriores, puedo confirmar desde mi propia experiencia es que sí.

Voy a intentar explicarlo todo desde una perspectiva científica, basándome en los datos que se conocen del espectro de las frecuencias electromagnéticas, que son las que conocemos todos: Ondas de radio, microondas, Rayos x, Rayos gamma etc.

De todo lo que existe, podemos decir, que tan solo percibimos, mediante nuestros sentidos, una pequeña porción de apenas un 1-2%.
En el caso de la vista la franja perceptible es realmente estrecha, en comparación con el infrarrojo y el ultravioleta.
En el caso auditivo, esta es un poco mayor. Podemos percibir desde los 8Hz hasta los 20.000Hz.
Un Hz es la unidad con la que se miden las ondas y corresponde a ciclos completos de onda por segundo. Las ondas son curvas y tienen una trayectoria ascendente y otra descendente, cuando esta trayectoria se completa, subida y bajada, se le llama ciclo y la cantidad de ciclos que hay en un segundo se le llaman Hercios o Hz.
A mayor cantidad de ciclos que hay en un segundo más alta es la frecuencia y a su vez más corta es la onda,

Estamos limitados por nuestros sentidos

Si tan solo percibimos de los 8Hz a los 20.000 con los oídos
Y de los 367.797Hz a los 607.542Hz en el caso de la vista podemos decir que el resto de frecuencias son totalmente desconocidas para nuestra realidad, necesitamos de máquinas que puedan descifrar estas frecuencias por nosotros: Las cámaras, infrarrojas, aparatos de radio, televisores, móviles etc.

Sin embargo en el reino animal hay algunos seres sorprendentes como son los murciélagos y los delfines. Que alcanzan a descifrar hasta los 140.000 y 160.000Hz respectivamente. El perro puede oír hasta los 40.000Hz.
No es de extrañar que en el caso de los murciélagos y los delfines no necesiten los ojos para detectar el mundo a su alrededor.
Pueden ver sin ojos, gracias a sus complejos sistemas auditivos de eco-localización y a las altas frecuencias que son capaces de procesar.
En el campo visual también estamos muy limitados.
En el reino animal también hay seres que pueden percibir más frecuencias a las que nosotros no tenemos acceso y por lo tanto perciben el mismo mundo de manera diferente a la nuestra.

¿A qué frecuencia soñamos?

Por lo general, nuestro cerebro funciona a unas determinas frecuencias divididas según su rango:
-    Ondas Beta (14 a 21Hz)
-    Ondas Alfa (de 7 a 14Hz)
-    Ondas Theta (de 4 a 7Hz)
-    Ondas Delta (de 0 a 4Hz)
-    Estado Gamma (más de 40Hz)*
*El estado gamma es de nueva incorporación, y sería el equivalente a una super-concentración

Cuando estamos durmiendo, pasamos por diferentes estados mentales.
En la fase de sueño rem o mor (movimiento ocular rápido) es cuando se producen los sueños, esta se desarrolla en las frecuencias más bajas (Theta y Delta) cuando tenemos menor actividad cerebral.
Quizá sea que no estamos operativos al 100% y apenas registramos nuestros sueños, de ahí que los olvidemos nada más despertar.
A no ser que hagamos un ejercicio de memoria e intentemos recordar y estructurar nuestro sueño, éste se perderá en el olvido.

Aquí viene lo paradójico, porque resulta que en el estado de menor actividad cerebral (estado Theta y Delta) es cuando realmente podemos acceder a las frecuencias más elevadas, las que normalmente no podemos percibir, que se hayan más allá de nuestros sentidos.
Y que tan solo con una gran preparación (Chamanes e iniciados ocultistas) o bien por drogas psicodélicas (Ayahuasca, peyote etc.) pueden acceder a este universo, desconocido para todos nosotros.
Como decía Don Juan en los libros de Carlos Castaneda: Acceder al lado activo del infinito.
Un universo que está aquí mismo, pero al que no podemos entrar con los sentidos que tenemos disponibles.
No de la manera en que estamos acostumbrados a usarlos:
Se debe hacer con la alteración de la percepción de la mente y aprovechando las funciones ocultas de estos mismos sentidos.

El Estado vibracional del sueño

En un estado previo a una salida voluntaria del cuerpo (EVAC), un factor indicativo del mismo son las vibraciones que se sienten por todo el cuerpo.
Estas vibraciones son unas suaves descargas, que se sienten como una corriente eléctrica que recorre nuestro cuerpo.
Es el indicador de que es el justo momento en el cual la conciencia se puede separar del cuerpo e iniciar un viaje astral o una vivencia extra-corporal.
Dado a que llevo años experimentando estas sensaciones he podido crear una teoría al respecto, uniendo las ondas cerebrales de baja frecuencia con los latidos del corazón.
Me explico:
En ese estado nuestro ritmo cardíaco se relaja, bajan las pulsaciones, puede que a 50 o menos por minuto.

A su vez nuestra sensación del trascurrir del tiempo se dilata, el tiempo se decelera. Todo trascurre más despacio.

¡Las vibraciones no son otra cosa que el sentir los latidos de nuestro propio corazón pero en cámara lenta!

Es como si estiráramos el sonido de un bombo, éste se convertiría en vez de un golpe seco y corto en otro más suave y prolongado, tal como una corriente eléctrica.

Es difícil explicarlo, para quien no ha tenido ocasión de comprobar en sus propias carnes esta sensación. Pero si usted ha sentido las vibraciones sabe perfectamente de lo que le estoy hablando.

Si ha podido realizar alguna salida del cuerpo sabrá que lo que le digo tiene cierta lógica y sentido.

Si no lo ha experimentado y le apetece probar, puede leer este post dónde explico cómo realizar una salida voluntaria del cuerpo:

Este es un tema muy recurrente en los gurús de la New Age con bonitas palabras:

"En el corazón está la clave" "El Chakra corazón es la puerta al universo"

Lo que se han olvidado es de decirnos cómo acceder a este universo y nos mantienen en el laberinto dando vueltas como ratoncitos de laboratorio.

Experiencias de percepción de altas frecuencias

Bueno, ahora viene lo gordo…
Lo que le voy a relatar es una de las experiencias más extrañas que he tenido y que me ha llevado hasta aquí, de hecho todo lo anterior ha sido una introducción a esta experiencia.
Como he descrito antes, cuando el estado mental del cerebro baja a sus mínimos podemos percibir de manera distinta la realidad que nos rodea, mirar al universo con otros ojos (el tercer ojo, al que hacen referencia muchas de las antiguas culturas) No tengo la certeza absoluta, pero creo que me estoy aproximando.
¿Por qué digo esto? por la siguiente experiencia
Agosto 2013:

Estaba yo por periodo vacacional y justo después de la comida y habiendo realizado las tareas posteriores a esta me dispuse a echarme una siesta.

Hice todo el ritual de meditación previo y al cabo de aproximadamente una hora de relajación caí en el sueño.

Fue a la salida del sueño, cuando entré en el estado alterado de conciencia. Los reconozco con facilidad y sabía que debía permanecer sin mover un solo músculo. Para así poder salir del cuerpo si lo deseara.

Pero ese día ocurrió algo distinto, no salí del cuerpo, permanecí en él, con plena atención y fue entonces cuando algo raro sucedió en mi interior.

Empecé a escuchar unas voces en mi cabeza, al principio eran difusas, como un murmullo apenas perceptible.

Puse toda mi atención en esas voces y poco a poco éstas fueron apreciándose con más claridad.

Era una conversación entre un hombre y una mujer, el hombre preguntaba algo y la mujer respondía sus preguntas. Todo era muy difuso, no podía descifrar lo que estaban diciendo, solo palabras sueltas.

Era como escuchar a través de una puerta, no captas todo, hay ruido de fondo que te lo impide.

Pude distinguir que hablaban en castellano, por las palabras sueltas que lograba descifrar.

La conversación era amena entre las dos personas y cada vez la percibía mejor. Fue en ese momento cuando me di cuenta de lo que estaba pasando en realidad.

La conversación se detuvo y de repente apareció una cuña publicitaria, de un taller de automóviles de una pequeña población del ¡Pirineo Oscense!

¡Dios mío! ¡Estaba escuchando un programa de radio! ¡En mi cabeza! No podía creérmelo.

La cuña la oí perfectamente, era una cuña hecha por profesionales, con su música, sus pausas, su mensaje publicitario, ¡todo!

Yo soy músico aficionado y tengo alguna experiencia en el mundo de la grabación de maquetas de música y puedo decir que lo que estaba escuchando era un trabajo hecho por profesionales, bien mezclado y producido.

Me levanté y fui a preguntarle a mi mujer si había puesto la radio, ella me dijo que no, puesto que la única radio que tenemos en casa estaba en el garaje y ella ni nadie había estado por allí, tampoco era de la televisión porque en esos momentos no estaba encendida.

Lo que me llevó a pensar que, de alguna manera, había sintonizado la frecuencia de la emisora de radio de Huesca y la había recibido dentro de mí.

Esto me ha pasado en varias ocasiones más. Es como tener un receptor de ondas alojado en la cabeza.
Busqué la emisora de radio Huesca y tienen dos una en la FM y otra en la OM (onda media) y sus frecuencia son 102.0 FM / 1.080 OM respectivamente.

Es decir, mi cerebro captó ondas de radio que podían estar entre
El canal de la AM tiene un ancho de banda que se encuentra entre 10 KHz y 8 KHz
En este sentido, las ondas AM pueden medir entre 100 metros (3000 KHz) y 1000 metros (300 KHz). Este es el tipo de onda que llega a la ionosfera y rebota en ella.
En frecuencia modulada, una emisora transmite en 101.1 MHz (es decir, 101.100 KHz), y la siguiente lo hace en 101.3 MHz (es decir, 101.300KHz).

Para mi asombro, son frecuencias imperceptibles por el oído humano, pero yo las pude recibir desde mi oído interno y me llegaron al cerebro a través del nervio auditivo.
Lo que pudo suceder, es que no estoy en modo alguno acostumbrado a recibir estas señales de audio y que mi cerebro no acabara de descifrarlas con la velocidad habitual que tiene al escuchar una conversación cualquiera.

Es posible, que en un estado alterado de la conciencia, los órganos sensoriales puedan percibir de manera diferente a la habitual.
Es posible, que en estos estados alterados nuestro ancho de banda de percepción se amplíe, es posible que tengamos estas facultades innatas y ocultas.
Es posible que sea una locura y no se lo voy a negar, a mí también me lo parece, pero dado la verosimilitud de lo que escuché me genera grandes dudas de que fuera una simple alucinación auditiva.
No le pido que me crea, es libre de hacerlo.
Mi objetivo con todo esto es dar a conocer las experiencias de un pobre loco, que lo que pretende es arrojar luz en este oscuro mundo de la mente y de los estados alterados que mucha gente tenemos a lo largo de nuestras vidas. Y si en algo puede servirle me daré por satisfecho.

Quizá a todo lo que no podemos percibir e intuimos lo llamamos "Espiritualidad" y quizá si pudiéramos ver con claridad todo el ancho de banda de estas frecuencias que son para nosotros invisibles la espiritualidad pasaría a ser ciencia...

No quiero decir que no exista la espiritualidad, sino que es un concepto que está
y ha sido secuestrado por personas que lo que pretenden es que no accedamos a
ella con todo nuestro potencial e intentan con todos sus medios mantenernos
alejados de ella.

¿Es posible que a lo que llamamos el despertar de la conciencia,
sea precisamente esto? Despertar a nuevos sentidos innatos en el ser humano y
que han permanecido ocultos deliberadamente, por generaciones que se han
encargado de negarlos sistemáticamente ¿aduciendo que son supercherías o
meras alucinaciones?
Yo por mis experiencias no creo que sean supercherías.

Ya hemos visto en la sección de Metodología las diferencias entre sueño lúcido y viaje astral y la manera de llegar a ellos desde la meditación del yoga Nidra. Pero no es el único camino, hay otros que vamos a explorar a continuación.

Preparación previa:

Para llegar a un estado alterado de conciencia voluntario (EVAC) es conveniente prepararse para tal evento teniendo en cuenta algunas pautas sencillas, pero muy efectivas que nos permitirán lograr con mayor facilidad nuestro objetivo:
- En primer lugar y más importante es desearlo y repetirlo a lo largo de todo el día, tanto mentalmente como de palabra. ¿Por qué? Porque así vamos preparando nuestro subconsciente para tal evento, por regla general nuestro subconsciente reproduce hechos y situaciones que hemos vivido a lo largo del día y estos se reproducen durante el sueño. Es como si lo programáramos.
- Otro aspecto importante es que debemos estar físicamente en buenas condiciones, nuestro cuerpo necesita mucha energía para entrar y mantenerse en un EVAC, por lo que se necesita estar en buena forma física y anímica también. El estado de ánimo influye poderosamente en el resultado final, si vamos a la meditación con excesivos pensamientos negativos o estamos estresados difícilmente alcanzaremos un EVAC.
- Yo recomiendo que se practique en la hora de la siesta, una hora después de comer, habiendo hecho la digestión y con una buena predisposición anímica, en otras palabras nos ayudará mucho entrar en la meditación con una actitud positiva, felices de ello y enseguida comenzará a notar los flujos de energía que recorren su cuerpo.
  Muy importante: debe de hacerse tumbado como expliqué en Metodología
- Esta energía la notará como oleadas que recorren todo su cuerpo, no se altere eso es una buena señal, indica que estamos alineándonos, que nuestros chakras se están colocando en la forma correcta y la energía fluye por ellos y lo podemos notar. Para ello es de suma importancia entrar en la meditación con una actitud positiva y de agradecimiento. Notaremos que la energía entra por nuestros pies, o por nuestra cabeza y se distribuye por todo el cuerpo como oleadas eléctricas sumamente placenteras. Trate de relajarse e intente mantener estas oleadas el mayor tiempo posible, le energizarán todo el cuerpo, merece la pena, se lo aseguro.

Una vez entrados en relajación, es posible que nuestra mente comience a divagar. Se percatará de ello cuando le resulte complicado recordar lo que acaba de pasar por su mente, cuando el pensamiento que acaba de suceder en su mente sea difuso o que se de cuenta de que no está registrando en su memoria absolutamente nada.
Esto es una buena señal, quiere decir que el subconsciente está emergiendo a la superficie y nuestro lóbulo izquierdo se está desconectando, por lo que no registramos en la memoria lo que está sucediendo, es como si se desvaneciera el consciente y perdiéramos el contacto con la realidad que nos rodea.
Esto puede ocurrir al cabo de aproximadamente 45min 1 hora de meditación y también es una buena señal. ¡Vamos por buen camino!

Ahora es cuando viene el cruce de caminos y debemos intentar estar todo lo atentos que podamos, nuestro cerebro va a proceder a apagar el lado izquierdo (nuestra consciencia) para entrar en el modo sueño.
Justo en esta etapa y siempre que hayamos conseguido estar atentos y relativamente despiertos es cuando se pueden dar las siguientes percepciones:
Pueden ser auditivas: oímos un fuerte golpe seco, un estruendo etc, no debemos alterarnos se produce en este paso previo al sueño.
Y pueden ser visuales: vemos a alguien de nuestro entorno circulando por delante de nosotros, puede ser un familiar o amigo etc.
Esto quiere decir que ya estamos llegando a nuestro objetivo, que no es otro que intentar salir de nuestro cuerpo y probar nuestro otro cuerpo, el Astral.
Hay mucha gente que se despierta al oír los ruidos y se sobresaltan, es normal si lo desconocemos, pero ahora ya tiene un as en la manga sabiendo esta información, lo que le debería permitirse continuar la experiencia sin llegar a despertarse.
Muchas personas se quedan dormidas frente al televisor y tienen lapsos de sueño y vigilia, también podría ser una vía de ensayo, hay muchas maneras de llegar al EVAC, puede elegir el que mejor se adapte a usted.
Pero la señal inequívoca de que estamos preparados son "LAS VIBRACIONES".

Se pueden dar de dos maneras, una a la entrada del sueño y otra a la salida del mismo.

LAS VIBRACIONES

¿Qué son? ¿Cómo las identificamos?
Es una pregunta de difícil respuesta si no las ha experimentado nunca, voy a intentar describirlas lo mejor que pueda.

Las vibraciones se desencadenan en nuestro cuerpo como unas fuertes oleadas de energía eléctrica. Son pausadas, a ritmo constante, como si de una respiración se tratara y pueden ser de intensidad creciente.

Las podemos sentir por toda la columna y notar cómo se intensifican en su potencia, no debe de preocuparse, es una sensación sumamente extraña, pero no es dolorosa en absoluto, no trate de cortarlas ya que es nuestro pasaporte al Astral.

Tampoco se altere, trate de relajarse y dejarse llevar.

Llegados a este punto tenemos dos opciones, una es intentar salir voluntariamente de nuestro cuerpo, pero sin mover un músculo físico.

Es la manera de despojarse del cuerpo, pero es difícil, lo reconozco,

Si usted no ha salido voluntariamente de su cuerpo y es la primera vez que se encuentra en esta situación es muy probable que al intentar levantarse lo haga con su cuerpo físico, con lo que echaríamos al traste todo el proceso…Ya que se despertaría

Habría de tratar de mover primero un brazo o la mano y comprobar que esta es etérica (traslucida, o semitransparente) para luego proceder al resto del cuerpo. No se preocupe hay otro camino…

Salida voluntaria del cuerpo

Una vez llegados hasta este punto,lo más efectivo sin duda alguna, es dejarse llevar…

Las vibraciones aumentaran su intensidad y cuando esto ocurra debemos relajarnos todo lo que nos sea posible, sin alterarnos, solo observando lo que sucede. Sin alterarnos, con tranquilidad…

Lo que sucederá, irremediablemente, es la salida del cuerpo de forma natural, pero con la gran diferencia de que estaremos ¡**plenamente conscientes de ello¡** A diferencia de cuando lo hacemos en sueños, que es de manera inconsciente.

Aquí se abre un universo nuevo para los sentidos, Se podrá encontrar súbitamente flotando y rozando o tocando el techo, disfrute de la sensación, es única.

Podrá ver su habitación o estancia de manera difusa, borrosa o simplemente no la vea.

No se preocupe. Ahora lo que se debe hacer es "estabilizar el escenario"

Estabilizar el escenario

Este es un truco que aprendí en el libro de Michael Raduga "La Fase"
Es de gran utilidad y muy efectivo. Recomiendo este libro encarecidamente.
Para estabilizar el escenario es necesario que hagamos este gesto:
"Frotar nuestras manos delante de nuestro rostro" e intentar tocar algo de la
habitación, la cama, la colcha, la almohada, cualquier cosa que tengamos a
nuestro alcance.
Veremos cómo, poco a poco, el escenario que era difuso se va estabilizando y lo
podemos apreciar en todo detalle. Tan simple como eso: frotar nuestras manos
delante de nuestra cara y tocar cosas.
Lo que creo que está sucediendo con todo esto que acabo de explicar son dos
cosas, en mi opinión y es una hipótesis es que las vibraciones coinciden con lo
que se describe en las antiguas culturas acerca del despertar de la energía
Kundalini, es una energía que sube por la columna (al igual que las vibraciones)
y que hace que el ser despierte a otra realidad, que acceda a otra forma de ser y
percibir.
Y por otro lado, cuando estamos estabilizando el escenario, lo que creo que
estamos haciendo es, de alguna manera, encender o poner en marcha nuestra
glándula pineal.
Ya que en esta glándula se sabe que contiene el mismo tipo de células que las
que tenemos en el ojo. De ahí que al estabilizar el escenario ponemos en marcha
la glándula pineal y empezamos a ver con claridad, **¡desde el tercer ojo!**
Esto solo son hipótesis mías.
Pero ¿y si hay algo de verdad en esto que acabo de insinuar?

Bueno, si ha logrado llegar a este punto, lo felicito.
Verá, que con el tiempo, cada vez le resultará más fácil alcanzar este estado, ya
que el cerebro aprende rápidamente los caminos y lo que le queda por hacer es
poner en práctica y perfeccionarse a sí mismo en estas técnicas. Es como
aprender a montar en bici, una vez se han dado las primeras pedaladas, lo que
queda es perfeccionar el estilo.
 El siguiente paso es explorar con su cuerpo la habitación, desplazarse, si lo
desea, por el aire, visitar la casa etc.
Las primeras salidas, suelen ser las más impactantes, dado que no ha
experimentado nada parecido antes.

Le recomiendo que se lo tome con calma y que primero vaya adquiriendo conciencia de su nuevo estado de ser.

Puede volver a su cuerpo y salir de él a voluntad, sin esfuerzo, no se inquiete, disfrute de la ingravidez, haga piruetas, descubra sus nuevos poderes, **¡siéntase libre!**

Poco a poco, iremos progresando, no salga todavía de la habitación. Es prematuro.

¿Por qué? Porque, amigo mío, estamos fuera del espacio-tiempo y es muy probable que al otro lado de la puerta se encuentre con que todo ha cambiado, que su casa es otra, que sus familiares han cambiado de de aspecto, pueden ser más jóvenes o mucho mayores etc.

Debemos ir explorando poco a poco y asimilando que estamos en otro plano, en otro universo, que cualquier cosa puede pasar, pero le aconsejo que nunca pierda la calma ni el control, en este estado somos invencibles, nada ni nadie nos pueden dañar, tenga esto muy presente y disfrute de su viaje

¿Dónde está el cordón de plata?

Una vez fuera de su cuerpo se podrá ver, o no, a sí mismo dormido.

Yo no me suelo ver, solo un bulto en la cama o a veces ni si quiera eso, depende de cada persona.

Pero lo que no he visto nunca es el famoso "Cordón de Plata", simplemente creo que no existe como tal, no es apreciable ahí fuera, yo por lo menos nunca lo he visto ni apreciado de ninguna manera.

¿Qué quiere decir esto?

Pues creo y es mi opinión, que es otro cuento más que nos han colado.

Si alguna vez a alguien se le ocurre salir de su cuerpo y no tiene experiencia en ello, la sensación puede ser de extrañeza total, uno puede experimentar como si fuera un ser etérico, liviano, sin peso, en resumidas cuentas un espíritu. Esto puede provocar en la persona que lo vive un estado de angustia, de sentir como si estuviera o hubiese muerto, de ser un ánima.

Es probable, que los que verdaderamente entienden del tema hubieran dejado, con toda la intención, unos axiomas para que dado el caso de que alguien saliera del cuerpo buscara una manera segura de regresar al él.

De ahí el axioma del cordón de plata, es posible que nos lo hayan implantado en nuestra cultura para disuadirnos de salir e investigar ahí fuera en otras realidades.

Ya que si no vemos nuestro cinturón de seguridad (el cordón de plata) creeremos irremediablemente que si nos alejamos demasiado no podremos nunca volver…

Pues queridos amigos, el cordón de plata no existe.

No se puede uno perder si está investigando dentro de sí mismo, estás en tu interior ¡no hay pérdida posible!

Creo que aquí también encajaría la célebre frase: "Conócete a ti mismo"
Cuando estamos en el astral viajamos desde nuestro interior (subconsciente) a
otros universos, pero nunca dejamos nuestra mente, por lo tanto siempre que
queramos podemos volver, **solo hay que desearlo y nuestro cuerpo
despertará.** Es tan sencillo como eso
Más adelante explicaré técnicas de cómo desplazarnos a los lugares que
queramos visitar y a las épocas que queramos.
Espero que les sea de ayuda en sus inquietudes y anímense a explicar sus
experiencias, entre todos podemos crecer y ayudarnos a ampliar nuestro
conocimiento acerca de este nuevo universo que está aquí mismo, dentro de
nosotros.

¿Somos Esferas?

Este post es una reflexión, propiciada por una de las experiencias más
impactantes y vívidas que me han ocurrido.
Quisiera que el lector la tomara con liviandad que posee un vencejo a la hora de
salir del nido que son 28 gramos.
También considero importante recalcar que no canalizo absolutamente nada, o
eso creo y también espero que así sea. Ya que no quiero dejar influenciarme por
ninguna entidad que pueda intoxicarme con su palabrería halagadora y
empalagosa.
Es difícil afirmar que nadie me ha mostrado lo que a continuación les voy a
relatar, porque obviamente creo que hay alguien que así me lo ha querido
mostrar, lo que no puedo decir es de quién se trata ni sus intenciones.
"Simplemente expongo lo que he podido percibir o se me ha mostrado ahí fuera,
tal y como mi cerebro lo ha interpretado"

Se me hace complicado transmitir las sensaciones con palabras y más si no eres
un erudito del lenguaje, tal y como es mi caso, pero intentaré ser lo más claro y
conciso en las descripciones, que no solo eran perceptivas de vista y oído sino
que también se componían de un fuerte e intenso componente emocional.

Febrero 2015
Esta experiencia ocurrió de manera súbita, sin preaviso, sin preparación previa
por mi parte, no la busqué, por raro que parezca, esta vez no fue así.

Estando en la cama durmiendo plácidamente, de repente me desperté en el estado
habitual de alteración de conciencia, con plena consciencia de todo lo que me
rodeaba.
Algo en mí me insinuó que no me alterara ni tuviera miedo, como advirtiendo lo
que a continuación estaba por suceder.

De repente, me vi girando en el aire de manera vertiginosa en espiral, a toda
velocidad. Como si algo tirara de mí de manera irremediable.
Atravesé el cabecero de la cama (en plano astral, claro) que es de madera maciza,
de unos doce centímetros como si de un papel fino se tratara.
Acto seguido, me vi suspendido en el aire, en un entorno diferente a cualquiera
que hubiera experimentado, me vi fuera de todo lugar y tiempo, una sensación
extraña pero de alguna manera familiar, sin saber porque exactamente.
El lugar era un inmenso espacio aparentemente vacio, con poca luz, no sentía
frío o calor, era otra sensación diferente. Reconozco que me sentí tranquilo,
confortable y extrañamente sereno, dado que estaba en un lugar totalmente
extraño para mí, o no…
En ese momento aprecié debajo de mí, una especie de "rombo" de cuatro lados
dividido en sub-partes, creo que eran 16 en total, podrían ser más pero no las
conté.
Estas contenían unos símbolos extraños, algunos eran tipo geométrico y otros
tipo runas, con la particularidad que todos estos símbolos eran cambiantes, se
trasformaban en otros diferentes constantemente, como siguiendo un patrón
específico.
He buscado por la red alguna imagen que pudiera asemejarse a lo que vi:
Más adelante daré una explicación al respecto de estas dos imágenes.

Prosigo con el relato de los hechos:
Este rombo que pude apreciar, estaba por debajo de mí.
Todo él era una sucesión de múltiples combinaciones de símbolos cambiantes
permanentemente, unos sucedían a otros sin cesar, por lo menos aprecié no
menos de 16 celdillas que conformaban un patrón, altamente sofisticado y para
mí de imposible interpretación.
¿Un enorme ordenador? ¿La secuencia que crea nuestra realidad?
¿La famosa rejilla de la matrix? ¿El velo de Isis? No lo sé.
Desde luego, fuera lo que fuera yo estaba fuera de su alcance, me encontraba por
encima de esta rejilla y todavía no me había percatado de la forma de mi
cuerpo…
Me observé a mí mismo y comprobé que yo no tenía cuerpo, no como el que
poseo ahora, si no que **¡yo era una gran esfera traslúcida!** Todo mi ser estaba

dentro de la esfera, toda mi conciencia y mi mente estaban dentro de esa esfera tan perfecta.

Me sorprendí de verme así, no lo niego, pero tampoco me causó ningún trauma ni miedo, me sentía bien en mi nuevo cuerpo, me resultaba de alguna manera familiar.

Cuando de repente y desde la zona derecha donde me hallaba pude percibir un sutil sonido que se aproximaba a mí.

Puse toda mi atención al sonido y este se convirtió en una bella melodía, que jamás antes había escuchado.

Era una música muy bella, con mucho sentimiento, parecía como si hubiese una orquesta a mi lado.

Tan bella era que me emocionó profundamente, me hizo sentir una inmensa alegría.

Pero no pude identificar la procedencia de la música.

Lo que si pude observar es como desde el centro de la esfera, que era mi cuerpo, comenzaron a emanar unas ondas energéticas, como una fuerte emisión de energía potentísima que procedía de mi interior, era similar a la electricidad, no me causaba dolor, solo una extraña sensación en el centro de mi cuerpo. La energía era inmensa y se desplazaba hacia los bordes exteriores de la esfera.

No me cabe duda alguna de que esa energía la produjo mi cuerpo, gracias al estímulo de la música que me provocó la emoción y ésta fue la que desencadenó la emisión de energía.

Las emociones producen una inmensa y potentísima energía, fue mi conclusión.

Quizá me quisieron enseñar precisamente esto en ese lugar, el resto son apreciaciones mías y mis propias conclusiones que ahora les voy a detallar.

Hasta aquí el relato de la experiencia lo más preciso que he podido explicarlo.

Conclusiones

Le he estado dando muchas vueltas a esta experiencia, no lo duden.

La primera conclusión a la que he llegado, es que, literalmente, me mostraron cómo es nuestro cuerpo emocional, o qué somos y qué forma tenemos en otros planos como seres.

Sencillamente somos esferas y no es de extrañar porque es la forma más común en este universo de materia, tenemos esferas por todas partes, a nivel pequeño: frutas, células, moléculas, semillas, el corazón, el cerebro, el óvulo, el espermatozoide (obviando el flagelo) el huevo etc.

A nivel mayor: La tierra, los planetas, las estrellas, los cúmulos de estrellas etc.

La naturaleza ha adoptado esta magnífica forma esférica en una gran variedad de cosas.

La segunda conclusión es que **nuestras emociones producen una energía descomunal**, así lo pude sentir y así lo cuento.

Representación de esferas en la historia

Llegados hasta aquí podemos hacer un breve repaso de las esferas en la historia del arte ¿Qué representan? ¿Qué se nos ha ocultado? Y si poseen algún tipo de simbolismo que bajo esta nueva óptica nos permita entender mejor nuestro lugar en el mundo.
La esfera de la flor de la vida:

Ahora me pregunto si esta imagen de la flor de la vida tuviera otro significado diferente al que le hemos dado siempre.
Está por todo el mundo, en muchas y diferentes culturas.
La componen 19 círculos del mismo diámetro y 36 arcos formando un hexágono encerrado en un círculo mayor.
Y yo me pregunto ¿Y si la flor de la vida tuviera en realidad otro significado? ¿Y si fuera la representación gráfica o simbólica de la propia humanidad?

La humanidad tuvo una caída que fue recogida en textos antiguos, desde la biblia a los textos sumerios, las guerras en los cielos y los ángeles caídos.
Si hubo antaño otras humanidades y estas fueron libres hoy en día no podemos decir lo mismo.
Vivimos en una sociedad piramidal, con cuatro estamentos básicos de dominación:
-    Poder político y/o militar
-    Poder religioso
-    Poder económico
-    Poder científico
Estos cuatro poderes se las han ingeniado a lo largo de la historia para manejar los hilos de la humanidad a su antojo.
Pero ¿son estos poderes dependientes de algún otro poder mayor que permanece oculto y que es, en última instancia, el que gobierna a todos los demás?
No puedo responder a esa pregunta, pero si puedo dar indicios en referencia a lo que me mostraron en la experiencia.
El rombo que vi en mi experiencia podría ser perfectamente la visión en perspectiva de una pirámide desde las alturas.

Este símbolo de la pirámide representa nuestra sociedad y nuestro sistema tal y como está concebido en la actualidad y por lo menos desde hace más de 6000 años.

Es un sistema antinatural, no va en consonancia con la naturaleza y es un sistema injusto, donde vemos cada día las desigualdades que genera.

Las pirámides están repartidas por todo el planeta, desde las más famosas de Egipto, las mayas y aztecas y las chinas.

Su función es desconocida, no se sabe por qué las construyeron ni cómo ni quién. Algunos investigadores como David Icke, dicen que son puntos de acupuntura en el planeta por donde fluye la energía.

En parte estoy de acuerdo, pero la pregunta es ¿Qué energía?

Ahí entra la sospecha que tengo al respecto de qué tipo de energía canalizan las pirámides y hacia dónde va.

Una foto del 2009 de una pirámide en La Riviera Maya emitiendo un rayo de luz:

¿Qué tipo de energía es la que recopila las pirámides y eyectan al exterior? O mejor dicho a otro plano diferente a la realidad que vemos.

Sospecho que la nuestra, la misma que producimos al sentir emociones, al sentir amor, alegría, júbilo, compasión y también las negativas como odio, miedo, ira, tristeza, rabia etc.

Pude comprobar la cantidad de energía que emitió mi cuerpo en cuestión de segundos, era descomunal. Eso solamente una persona, me puedo imaginar 7000 millones de personas emitiendo ese tipo de energía ¡podría mover el universo entero!

Un recurso que puede ser muy apreciado en otros planos dimensionales.

En resumidas cuentas este mundo donde vivimos es un lugar perfecto para experimentar emociones, nadie en absoluto se escapa de ellas y las hay de muchos tipos, como hemos visto anteriormente.

Si todas estas emociones generan la energía que vi es posible que otros seres se estén aprovechando de este recurso energético y podamos ser una granja dirigida. ¿Por quién?

Vaya a ver las siguientes localizaciones en google imágenes y después siga con la lectura de este fantástico y estupendísimo libro:

- Leones del Congreso de Diputados en España

- Otro ejemplo leones en el templo de la ciudad prohibida en China

- La colina de Waterloo

- Mesa de don Rodrigo Calderón para felipe IV

Observen cómo los leones sostienen bajo su pata una esfera ¿Les suena de algo?
¿Y Si la esfera representara al ser humano?

En más detalle, pisando la Flor de la Vida ¿La Humanidad?

Otro más en La España absolutista de Felipe IV, esta vez con cuatro leones, que
podrían representar a los cuatro poderes que antes hemos visto:

Y otro más en la colina de Waterloo, un león

¿Y quién domina al león? Enseguida lo vemos

Ahora hagan la siguiente búsqueda de imágenes:

- Diosa Cibeles
- Diosa sumeria Inanna (Ishtar)
-. Freyja, diosa germánica del amor y la fertilidad
- Diosa Durga Hindú

Resulta curioso que quien domina a los guardianes sea una Diosa, en varias
culturas del mundo y separadas por el tiempo y la distancia
Bueno, quizá más adelante en el libro pueda ver otra referencia de quién es el
que o mejor dicho la que domina este planeta.
No adelantemos acontecimientos, dejemos la incógnita sin despejar todavía.

Los leones representan los guardianes carceleros de la humanidad (en este caso
serían los reyes y los emperadores humanos), hoy en día son los políticos y las
grandes corporaciones, estos vigilan y hacen cumplir la voluntad de los dioses,
que están por encima de ellos y les aseguran con sus leyes y sistemas de
creencias un flujo constante de energías procedentes de las emociones humanas.
A cambio los Dioses o Diosas les aseguran un futuro de poder en la Tierra a ellos
y a sus descendencias, por los siglos de los siglos… o No…

A estas alturas podemos repensarnos el sistema piramidal que nos oprime y
plantearnos si es el más adecuado para vivir en este planeta.

Yo, sinceramente, creo que no.
Creo que hay otros sistemas de vida mucho más justos e igualitarios dónde todos
tengamos un lugar digno donde vivir y desarrollarnos como especie.
El ejemplo lo tenemos en la propia naturaleza y en las formas que tiene de
trasmitir y preservar la vida con formas esféricas.
Un sistema esférico sería mucho más justo e igualitario, donde no haya
diferencias entre sus habitantes, todos unidos y que la vida sea mucho más que
una lucha continua de todos contra todos y donde merezca la pena vivir.

Un ejemplo:
Una manzana, es esférica, está compuesta de tres partes principales:
La piel, que la protege del exterior, el cuerpo que lo conforma el 90% de su
composición y las semillas, que están en el centro y es el bien más preciado ya
que contiene su futuro.
Nosotros deberíamos tomar ejemplo de las manzanas y conformar una sociedad a
su imagen. En el exterior las personas más fuertes y comprometidas que protejan
al resto, luego un gran grupo de personas que puedan vivir y aportar sus
conocimientos y esfuerzos en el bien de todos y por último y lo más preciado
deberían ser nuestras semillas, que son nuestros hijos y el futuro de la especie.

Definitivamente somos esferas, siéntalo.

Entidades parasitarias ¿Qué hacer y cómo actuar?

Esta entrada sea quizá una de las más complejas a las que me enfrento.

Ya que en este tema quisiera andar con excesivo cuidado en soltar alegremente consejos de qué se debe y qué no se debe hacer ante un ataque de entidades en la parálisis del sueño.

Todos somos adultos y cada cual tiene su propia personalidad definida y diferente con lo que cada persona puede afrontar los mismos hechos de maneras diversas, para obtener diferentes resultados.

Debe saber que lo que voy a relatar le puede servir de gran ayuda y por fin liberarse de este infierno o bien le puede dar un infarto al intentar afrontar a estas entidades, la responsabilidad es suya y de nadie más.

Yo les cuento lo que a mí me funcionó y cómo lo hice.

Tengo que reconocer que no fue nada fácil, me costó mucho tiempo y tuve que llegar a una situación "límite" para tomar la decisión de enfrentarme a estas entidades o como yo lo prefiero llamar "a mis propios miedos"

Como bien saben sufro esta extraña anomalía del sueño desde que tengo 3 años de edad, seguramente que antes incluso, pero no lo recuerdo antes de esa fecha, actualmente tengo 49 y no fue hasta bien entrado en los 40 cuando pude, al fin, liberarme.

Más de cuarenta años arrastrando esta rareza, con sus altibajos claro está.

Etapas de verdadero terror y angustia y otras de sensaciones de extrañeza como levitar o encontrarme con personajes tipo súcubos.

Un verdadero infierno, ustedes si lo padecen lo saben tan bien como yo.

Todo comenzó cuando era bien pequeño, me quedaba a medio dormir en una posición recostado de lado, quería moverme pero no podía mover mi pequeño cuerpo de niño. En ese instante empezaba a recorrer por todo mi cuerpo una rara sensación de suaves descargas eléctricas.

En un principio hasta parecían ser agradables, pero poco a poco la intensidad de las descargas aumentaba, era progresivo y cada vez las sentía más y más fuertes, subían por la columna y terminaban en mi cabeza.

Sentía, a la vez, un ruido en mi cabeza. A medida que las descargas aumentaban su intensidad y cadencia el ruido aumentaba también.

Esto me producía un tremendo estado de miedo, porque, además, notaba algo que se acercaba a mí desde el pasillo de la casa en dirección a mi habitación.

Quería creer que se trataba de mi madre, pero no lo era.

En esos momentos de angustias solo quería moverme y salir corriendo o gritar, pero no podía, estaba totalmente paralizado. Cuanto más intentaba moverme menos lo conseguía y eso aumentaba el miedo y la angustia.

Así durante muchas, muchas noches a lo largo de mi infancia.

Aprendí, con el tiempo a despertarme moviendo algo de mi cuerpo, no sin un gran esfuerzo. Cuando lograba moverme enseguida despertaba y lo primero que hacía, para evitar más episodios, era cambiar de posición en la cama. A veces solo lo pensaba, pero no llegaba a realizar el movimiento y era entonces cuando volvía a caer en otro episodio de parálisis del sueño.

No lograba salir de ella hasta que me movía en realidad y cambiaba la postura de dormir.

Un año, otro año, otro y otro nunca me dejaron en paz, la dichosa PS (Parálisis del sueño)

La suerte era que no se producía todas las noches, solo de vez en cuando, podían pasar meses sin que hubiera ninguna y otras veces se producían varias en un mes.

El fenómeno cambió al llegar a la pubertad, ahí entraron en escena las entidades parasitarias, en forma de súcubos. Tengo que reconocer que, al menos, era más entretenido.

Desde de la adolescencia y hasta los 25 años de edad el asunto daba altibajos de diferente intensidad, pero no cesaba. Hasta los 27 años de edad que, repentinamente remitió hasta casi desaparecer.

Tuve un período de relativa calma hasta los 34 años.

De los 34 a los 39 volvió de nuevo.

Y ya rozando los 40 volvió con mas fuerza que nunca.

Pero yo no estaba dispuesto a que esto arruinara mi vida, empezaba a estar hastiado de tanta mierda de PS y tomé una gran decisión.

Comencé a investigar el tema, a leer libros de visitantes de dormitorio busqué azarosamente información de donde pude.

Libros de extraterrestres, de abducciones, de viajes astrales, de yoga de meditación, cualquier cosa que me interesara me la leía.

Miraba videos en internet, leía blogs de PS donde pudiera encontrar algo que se asemejara a mis experiencias y algo encontré… y no fue otra cosa que MIEDO y eso no es la solución.

Pude comprobar que era un fenómeno más frecuente de lo que parece, pero muy poca gente lo cuenta, por vergüenza o temor.

El caso es que estaba hasta las narices de tanta entidad alimentándose de mi energía hasta que llegó un buen día, mejor dicho noche, donde la situación dio un giro brusco.

En una noche, de tantas, que me encontraba con una entidad tipo pequeño súcubo, pensé que ya estaba bien, que ya habían sacado de mí bastante y durante demasiado tiempo y que ya no estaba dispuesto a ser un mero alimento o pila de recarga para estas entidades.

No sé muy bien cómo pasó, pero salí de mi cuerpo con una fuerza descomunal, cuando digo salí me refiero a que literalmente de mi cuerpo salió otro cuerpo (el cuerpo etérico o astral) que era traslúcido. Agarré al súcubo por el gaznate o lo que fuera y con una voz fortísima (que no era para nada la mía) le dije en tono amenazante: *"Regresa al a luz de dónde nunca deberías haber salido"*

Incluso yo me sorprendí de la frase que solté, no lo pensé, fue como si alguien hablara a través de mí y con otra voz diferente a la mía, pero con una fuerza y potencia de voz que jamás había escuchado en nadie.

El pequeño ser, se apartó de mí se echó a un lado de la cama y pude ver en sus ojos y en todo su cuerpo un miedo absoluto. El pequeño ser temblaba, no se esperaba que pudiera responderle de esa manera, estaba totalmente aterrorizado y parecía que me pedía clemencia y que perdonara su vida.

Lo dejé marchar y volví a mi cuerpo con una sensación de alivio y victoria, de quitarme un gran peso de encima de que, por fin, pude responder a estos ataques. ¡Y tan solo con una frase! Eso sí, menuda frase.

Fue a partir de entonces cuando supe que la inmovilidad de la PS solo es del cuerpo físico y que en un estado de parálisis tenemos otro cuerpo, diferente al físico con el que podemos actuar en este plano o dimensión diferente al habitual de todos los días.

Fue un gran descubrimiento, no solo del cuerpo etérico o astral si no de las posibilidades de éste.

Comencé a experimentar con mi nuevo cuerpo, a moverme a voluntad a desarrollar armas para defenderme, a explorar etc. Un nuevo mundo se abría ante mis nuevos sentidos.

Pero al poco tiempo de mi gran triunfo, el pequeño ser que ahuyenté parece que llamó a su primo "el gordo".

En otra noche de relativa calma, me vi sorprendido por una fuerte PS que me pilló totalmente desprevenido. Noté como me elevaban de la cama y un enorme ser de aspecto de insecto gigante (Tipo mantis) me gritaba y me atravesó la espalda, a la atura lumbar, con una de sus grandes y afiladas patas. Sentí como una espada me atravesaba el cuerpo y nunca antes había tenido una sensación tan horrenda, de estar siendo asesinado.

Lo único que se me ocurrió en ese momento fue pedir ayuda a Jesús, pura desesperación, para mí era el final. Notaba como el frio acero entraba en mi cuerpo y no podía hacer nada.

Milagrosamente, mi grito fue escuchado y el ser insecto me soltó y se fue.

Pude despertar y esa noche no pegué ojo en todo el resto.

Ese fue el episodio más terrorífico que me ha pasado en toda mi vida, pero como pueden comprobar sigo aquí. No me impidió que tratara de prepararme, que siguiera investigando y que experimentara más y más.

De hecho sigo investigando y anotando todas las experiencias que me van ocurriendo. Busco un patrón que pueda explicar por qué se producen, con qué frecuencia y anoto muchos factores que creo que tienen que ver con el fenómeno de la PS.

No quiero asustarles, todo lo contrario. De la PS yo no puedo salir, solo me queda profundizar y les aseguro que enfrentándose a estas entidades el fenómeno cambia.

Ese fue el último ataque que he tenido hasta el día de hoy, ya no se atreven a asomarse a mi habitación, saben que les puedo responder y se abstienen de molestarme, así de sencillo. Son más cobardes de lo que se puedan imaginar, no son nada.

Nos asustan, porque de alguna manera se alimentan del miedo que generamos cuando entramos en pánico. Pero juegan con ventaja porque saben que no nos podemos mover, pero eso era hasta ahora.

Ahora si les podemos responder y les aseguro que una vez que aprendes a moverte con tu cuerpo astral los que tienen miedo son ellos. Somos muy poderosos en el astral, el problema es que no lo sabíamos, hasta ahora.

Moverse en el Astral

Imagínense a un bebé de pocos días, en su cuna durmiendo plácidamente. Además del pequeño, en la habitación, hay una mosca cojonera de las pesadas que se va a posar justo en la carita del retoño.

Nuestro bebé nota en su cara al molesto insecto que le incomoda, pero el pobre no puede quitárselo de encima, todavía no controla sus brazos ni sus manos para ahuyentar al intruso. Se siente indefenso e impotente y rompe a llorar de desesperación.

El propio llanto, casualmente, hace que gesticule los músculos de su carita y este leve movimiento ahuyenta a la mosca.

Pues bien, imagínese ahora que nosotros somos el bebé y la mosca es la parálisis del sueño o una entidad que se nos aparece en una PS.

En realidad estamos tan indefensos como lo está nuestro pequeño amigo, no podemos defendernos, nos agobia la situación y rompemos a llorar de impotencia. ¿Verdad qué le suena la situación?

Ahora hagamos un nuevo ejercicio de la misma situación del bebé, pero esta vez le vamos a dar al bebé una ventaja: ahora nuestro bebé tiene 16 años de edad y se repite la misma escena. ¿Qué sucederá esta vez? ¿Quién saldrá llorando en esta ocasión?

Efectivamente amigos, lo han captado.

Pues a nosotros nos tiene que pasar lo mismo que al bebé, debemos crecer y aprender a utilizar nuestro cuerpo, pero en el Astral, es así de sencillo.

El gran problema es que no estamos el suficiente tiempo cómo para practicar con nuestro cuerpo astral. El poco tiempo que estamos lo utilizamos para llorar y como mucho patalear de la misma manera que lo hacía nuestro bebé. Y así no avanzamos...

¿Qué se puede hacer? Solo se me ocurre una cosa: Práctica, práctica y cuando hayamos hecho esto debemos continuar, perfeccionándonos y descubriendo nuestras capacidades.

Cada vez que tengamos un episodio de PS debemos de armarnos de valor e intentarlo, sin prisas, con tranquilidad. Podemos intentar mover una mano o elevar un brazo. No se obsesione con el brazo físico, eso no le va a funcionar, recuerde estamos en PS.

Hay que intentar, desde la relajación y el sosiego, descubrir nuestro brazo y mano astral, con paciencia piense en su mano astral, imagínela, siéntala, piense que está ahí, esperando a ser descubierta.

Realice este ejercicio y en breves ocasiones, quizá en la primera sea capaz de sacar su mano y brazo de su cuerpo astral.

Una vez que realice esto podrá hacer lo mismo con el resto del cuerpo, se lo garantizo.

Tenga en cuenta que nuestro cuerpo físico ejercerá de potente imán hacia nuestro cuerpo astral y las primeras veces resultará cómo si tuviéramos que realizar un inmenso esfuerzo para conseguir despegarnos de él.

Piense en el bebé, estamos aprendiendo a movernos y a controlar nuestro nuevo cuerpo... Es una tarea difícil, tenga paciencia y vayamos paso a paso.

Si lo logra podrá desplazarse a voluntad, su cuerpo astral es y funciona de la misma que su cuerpo físico, dispone de brazos, piernas, está súper equipado y además tiene muchas sorpresas, como poder levitar, atravesar paredes y puertas y muchas más extras que iremos viendo más adelante. ¿Quién no se anima

Seguro que muchos de ustedes ya lo han probado, en alguna salida involuntaria. Saben lo difícil que es explicar con palabras esa sensación, ¡hay que vivirlo!

Una vez que hayamos tomado consciencia de nuestro cuerpo astral es hora de usarlo como es debido, podemos dar un salto y llegar al techo, ojo si nos pasamos de impulso lo podríamos atravesar... Podemos, a su vez, darnos una vuelta por la casa, podemos ir volando hasta la puerta de la calle y salir y observar el cielo ¡lo tienen que probar!

En otro capítulo hablaré de cómo veo el cielo nocturno en el astral ¡es un espectáculo tan bello que es indescriptible!
Ahora ya estamos preparados para avanzar. Si notamos en algún episodio de PS alguna entidad que quiera molestarnos ahora podemos responder con todas las garantías.
Recuerde al bebé y a la mosca, ahora usted ya puede moverse y quitarse de encima a la entidad le resultará tan fácil como si de una mosca se tratara, así de simple, con un simple gesto con la mano la entidad se marchará asustada, no hay que hacer nada más, así de sencillo.
Dicen que hay una ley universal que reza que tenemos todo el derecho del universo a defendernos cuando alguien nos ataca. Pues hagamos uso de esta ley

La cuestión es que esto no se lo va a explicar nadie, no hay cursos de defensa personal fuera del cuerpo, no va a tener asistencia y es una decisión que deberá tomar usted solito, si decide enfrentarse a la PS.
 Si así lo decide, el fenómeno justo a partir de ese mismo instante, cambia radicalmente y se trasforma, no habrán más entidades y si las hubiera se podrá deshacer de ellas fácilmente. Se abrirá una puerta a su interior, se podrá conocer a usted mismo, tendrá un dialogo con su subconsciente, podrá arreglar cuentas pendientes consigo mismo del pasado y arreglarlas, verá la vida con otros ojos y con otro espíritu, se hará amigo de usted mismo y su vida cambiará a mejor.
Pero para esto tiene una cuenta pendiente consigo mismo y con sus miedos y fantasmas, de usted depende qué camino elegir. Yo solo soy un ingeniero de caminos alternativos y solo me queda desearle suerte y darle muchos ánimos a que tome las riendas de su vida tal y como lo he hecho yo. Y le aseguro que no soy nadie especial ni nada del otro mundo, usted tiene incluso más cualidades que las que yo pueda tener y si yo he podido… ¿Cómo no lo va a poder hacer usted?

El Cielo Nocturno en el Astral

Quisiera compartir con todos vosotros una de las visiones más maravillosas que he podido experimentar en mis aventuras astrales.

Se trata del cielo nocturno en el Astral, es un espectáculo de proporciones inimaginables, es un desfile de luces, estrellas y constelaciones geométricas, si ha oído bien, constelaciones geométricas!!

Todo parece guardar una relación de armonía con todo, las estrellas se agrupan en formaciones o constelaciones con hermosas formas circulares al estilo de los mandalas que vemos en la India. Todo es perfecto, reina el orden y la belleza, no existe el caos que vemos en nuestro mundo.

No he encontrado, en la web, ninguna imagen de algo que se pueda acercar a lo que en numerosas ocasiones he contemplado. Solo he encontrado a algunos artistas que se aproximan a lo que vi. Dejo algunas muestras de estos artistas.

Véase Artista: Fred Tomaselli, New York
        Imágenes del artista americano <u>Fred Tomaselli</u>

Os voy a dejar un pequeño fragmento de una descripción del cielo nocturno que realicé en mi nuevo libro (todavía inacabado) y que habla del mismo:

(…) Ya fuera de la casa Marc vio como el aspecto de la aldea había cambiado, estaba todo más oscuro, no había iluminación artificial como en las ciudades y pueblos de su mundo, a excepción de unas pequeñas luces de color azul añil que parecían surgir de los bordes de los senderos. El muchacho le dijo a la joven que apenas podía ver a lo que ella le respondió: Abre bien tus ojos, no están acostumbrados a la luz de las estrellas.
El chico intentó enfocar mejor y alzó, sin quererlo, su vista al cielo.
Otro suspiro de exclamación recorrió su cuerpo.
-   *¿Qué es esto? ¿Cómo es posible? – Dijo el muchacho con la boca abierta.*
Es el cielo nocturno, solamente eso.-respondió la chica.

Las estrellas, brillaban como nunca las había visto, miles, millones, cientos de miles de millones, jamás imaginó poder ver tantas. Pero lo más extraño no era eso si no su disposición, no reconocía apenas las constelaciones que conocía, que no eran pocas, ya que era un tema que le apasionaba desde bien pequeño. Marc fue un niño que desde bien temprana edad se maravillaba observando el cielo y sus tesoros.

Se esforzó en aprender sus fases y sus constelaciones al igual que la posición de los planetas, pero lo que tenía ahora frente a sí no concordaba con lo que había aprendido.

Las constelaciones parecían tener una estructura diferente, formaban algo parecido a figuras geométricas, formadas por cientos, quizá miles de estrellas, unas recreaban una figura a forma de los pétalos de una flor, otras eran círculos concéntricos y dispuestos recreando bellas figuras, otras destellaban en un baile de intensidad de brillo que respondía a una coreografía predefinida e inteligente.

Además cientos de meteoros recorrían el firmamento, estrellas fugaces que atravesaban la bóveda de lado a lado, el espectáculo era hermoso miraras allá donde miraras, la acción estaba por todas partes. Incluso objetos como naves atravesaban el firmamento a altísimas velocidades, en formación o bien solas, dejando estelas luminosas de diferentes colores, verdes, azuladas, amarillentas, anaranjadas, cobrizas o simplemente una estela blanca que se desdibujaba al instante de pasar.

No me lo puedo creer, ¿¿Qué es todo esto??-Preguntó el chico a la joven.

Es nuestro cielo nocturno, si te has fijado no contaminamos el cielo con luces artificiales que fagocitarían esta maravilla, ya que es altamente delicado, si permaneces un tiempo observando podrás comprobar que la luz que emana de todas las estrellas que ves ilumina perfectamente nuestro mundo con una tenue luz, extremadamente sutil.

Debes dejar que tu pupila la acepte y se acostumbre a ella, para poder observar como ilumina suavemente todo lo que alcanza.

Esto mismo lo olvidaron nuestros antepasados y debido a sus temores buscaban la forma de ver por medios artificiales, impidiendo que estas luces les acompañaran por las noches.

No fue hasta nuestro gran despertar que no recordamos las grandes maravillas que habíamos olvidado y dejado de lado innecesariamente.

El espectáculo era impresionante, un despliegue de belleza ante sus ojos que jamás hubiera imaginado. Lo que más le llamó su atención fueron las formaciones de estrellas, éstas se agrupaban en destellantes agrupaciones geométricas, como si se tratara de una alineación inteligente, viva, pareciera que alguien las hubiera colocado de esa manera tan especial, le recordaba a un juego de ruedas dentadas que Marc tuvo en su infancia, éstas ruedas y óvalos

dentados tenían un pequeño orificio por donde se debía introducir la punta de un bolígrafo y hacerlo girar, el resultado eran, si se hacía con cuidado, hermosos círculos que realizaban una figura geométrica al estilo de la flor de la vida.
Su intensidad en el brillo variaba, de manera que asemejaba a una especie de baile de luces que recorría todos sus puntos de luz, era tan extraño como bello al mismo tiempo.

El cuerpo del joven, al quedar absorto ante tal maravilla, comenzó a sentir una energía sutil que le recorrió de arriba abajo, un zumbido de energía le inundó y quedó momentáneamente paralizado y sin habla.
Suspiró, intentando recobrar el control sobre su cuerpo y la muchacha le sonrió.
- *¿Qué me sucede ahora? ¿Por qué siento este zumbido?- Preguntó el muchacho*
- *Es la energía sutil que emana todo el universo, es la que da y mantiene la vida. Somos la expresión física de un pensamiento. Dijo la chica*
- *¿Pensamiento? ¿De quién? Pregunto Marc (...)*

Dentro de la parálisis del sueño una de las experiencias más comunes es la conocida como "la subida del muerto".
Se suele producir cuando se duerme en posición decúbito supino (boca arriba)
Consiste en que la persona que la padece siente, además de la propia parálisis, un peso sobre su tórax que le impide respirar con normalidad.
Hay personas que afirman ver o presentir una presencia de alguna entidad que dicen ser la causante de esta sensación de ahogo y opresión de su pecho.
Se puede usted imaginar la situación si no la ha vivido en sus propias carnes…
Es una experiencia verdaderamente angustiante y desconcertante, uno no puede controlar su propio cuerpo ya que éste no responde y ni tan si quiera puede controlar su propia respiración, da ahí la sensación de ahogamiento y falta de oxígeno.
Se da en todas las culturas y épocas diferentes y se la asocia a todo tipo de supersticiones, mitos y creencias de lo más dispar.
El término de "subida del muerto" es originario de América y es un fenómeno muy común que afecta a muchas personas de todo tipo, no importa el nivel socio-cultural o las creencias.

Descripción desde la propia experiencia

Dentro de las muchas ocasiones que he sufrido la parálisis del sueño, afortunadamente, he vivido pocas experiencias que se puedan denominar como "subida del muerto" a lo largo de mi vida.
Pero las veces que las he padecido se pueden calificar de muy angustiantes porque no puedes controlar voluntariamente tu propia respiración.
Eso da lugar a la entrada del pánico ya que crees que te estás ahogando y no es exactamente lo que está sucediendo…
Una noche me desperté con una parálisis del sueño tremendamente profunda, no podía mover un músculo de mi cuerpo aunque pusiera todo mi empeño en ello.
Pero además de eso noté una falta de aire y que mi respiración había cesado.
Por unos momentos creí que me estaba muriendo, notaba un peso en el pecho que me impedía respirar.
Mi estado de ánimo cambió al modo alerta y pánico, me faltaba el aire no podía respirar y ese peso en el pecho que me agobiaba y me alteré.

Al estar en estado de alerta y en condiciones normales tendemos a respirar más profundamente y más cantidad de aire.

Pero en una parálisis profunda nuestro cuerpo no responde ni tan si quiera a la orden voluntaria de acelerar nuestro ritmo respiratorio.

Es un círculo vicioso, cuando más alterado estás más aire necesitas y ves que no lo consigues porque no puedes respirar lo que tu estado alterado te demanda y así te agobias y te alteras más y más...

Decidí calmarme y observarme a mí mismo, para comprobar qué es lo que estaba sucediendo en realidad.

Me calmé y me observé.

Pude comprobar que sí respiraba, pero era una respiración muy lenta y prolongada, era como si estuviera en un estado de relajación profunda.

El aire entraba en mis pulmones de manera lenta y salía de la misma forma, apenas era perceptible. Tuve que poner mucha atención para percatarme de que, efectivamente, estaba respirando.

Eso me ayudó a relajar mi mente y a poco a poco recobrar el control de la respiración.

El peso o presión sobre el pecho no era otra cosa que mis propias ganas conscientes de incrementar el flujo e intensidad del aire y no conseguirlo.

No había nada encima de mí, solo era la sensación de querer respirar más cantidad de aire y con mayor frecuencia y ver que no puedes hacerlo, eso precisamente es lo que sucede.

Quieres aumentar el flujo respiratorio y no puedes y ves que tu pecho y tus músculos no responden y crees que alguien o algo te oprime el pecho cuando en realidad es que no puedes manejar tus músculos respiratorios y vas en modo respiración automática y relajada.

Recomendaciones

Cuando os encontréis en este estado tan profundo lo primero que se debe hacer es recuperar la calma y tras ella el control de vuestros pulmones.

A mí me funcionó la técnica de observarse a sí mismo desde la tranquilidad, puedes comprobar que sí estás respirando, aunque sea levemente y a partir de ahí centrarte en recuperar el control de los pulmones.

Es algo complicado de hacer cuando estás asustado y tu mente requiere de más oxígeno para el estado de miedo o alerta y nada de lo que haces funciona.

Pero insisto en que es primordial recuperar la calma y observarse a uno mismo desde ella y solo ella nos dará la respuesta y el camino de salida

Alucinaciones

En estos episodios muchas personas relatan cómo pueden observar o percibir
presencias extrañas tanto en las cercanías como encima de su propio cuerpo, da
ahí la expresión generalizada de "Subida del muerto"
Yo, afortunadamente, no las he experimentado como antes he relatado, no en
este estado tan profundo de parálisis, pero si las he experimentado en otros
muchos episodios que ya relaté en anteriores entradas.
Quizá se deba a que al pasar tantas veces por estas situaciones uno va
adquiriendo más experiencia al respecto y que haya aprendido a desenvolverme
con más soltura en estos estados alterados de conciencia.
Es posible que la parálisis ya no me afecte a los músculos respiratorios y pueda
controlarlos o que simplemente no me altere como en las primeras veces.
Las alucinaciones, esto es recogido de testimonios en la red, van desde notar
alguna presión en la cama, como si alguien se sentara a nuestro lado, a
tocamientos y hasta agresiones.
Si buscan ahí fuera se encontrarán todo tipo de experiencias y casi todas
aterradoras, pero no me gustaría que se quedaran con solo eso.
Eso solo pasa al principio y a medida que avanzamos en experiencias los miedos
se diluyen si somos capaces de enfrentarnos a ellos, no me cansaré de repetirlo.
Como dije en anteriores post, nuestro cerebro tiene que dar sentido a una
situación que no comprende y suele tirar de "archivo" o de cosas que podamos
comprender, aunque nos aterrorice, siempre va a buscar algo que tenga cierto
sentido a lo que nos está sucediendo.
Va a dibujarnos una "realidad" comprensible que podamos entender o va a
interpretar de forma subjetiva y tomando las referencias que tenga disponibles,
en tanto a creencias o aspectos culturales o bien del archivo de su inmenso
imaginario para poner cierto sentido a lo que estamos viviendo en ese preciso
momento.
También es posible que sea la forma que tiene de interpretar "La otra realidad" y
 al no tener referencias ni conocimientos exactos de cómo es esa otra realidad
crea estas distorsiones
Pienso que es un error grave de nuestro cerebro, un fallo de sistema.
Este fallo puede ser el causante que provoca las alucinaciones aunque tampoco
descarto otras teorías menos mecánicas que voy a intentar explicar a
continuación y a modo de opinión personal.

Mi opinión

La mente humana es inmensa, eso es innegable y apenas hemos comenzado a
arañar la superficie de su entendimiento.
Los estados alterados de conciencia son, en mi opinión, una puerta a otras
realidades que están aquí mismo, nos acompañan, pero no las podemos detectar
con nuestros sentidos.
El estado alterado, altera también estos sentidos y amplía su rango de captación a
otras frecuencias a las que en estado normal de vigilia no podemos acceder.
La conciencia convive con nosotros en nuestro cuerpo y muchas teorías apuntan
a que ésta por las noches se separa de nuestro cuerpo para volver a su estado
natural que es el de los sueños.

Ante estas teorías yo me pregunto lo siguiente:
¿Es posible que la parálisis del sueño sea un error entre el acoplamiento de la
conciencia y el estado de vigilia del cuerpo? ¿Que sea un fallo en la entrada de
dicha conciencia y que el cuerpo, todavía dormido, no reaccione y atrape para sí
a la conciencia?
En ese caso sucedería como en la película Avatar, donde un humano (en nuestro
caso la conciencia) toma el control de un ser totalmente diferente a lo que en
realidad es (el avatar)
El cuerpo es como una prisión para la conciencia y la mente un borrador de
experiencias del mundo onírico. Por eso no recordamos la inmensa mayoría de
nuestros sueños ya que la conciencia sin la mente no registra en la memoria.
Vendría a ser algo como el microchip (conciencia)y el disco duro de un
ordenador (memoria).
Con esto quiero decir que la PS es una ventana a estas realidades alternativas
perfecta.
Es un fallo del sistema por donde se puede hackear la realidad.
Ya que cuando sales ahí fuera estás registrándolo todo en la memoria del
cerebro, tienes plena conciencia de todo.
Todo esto sospecho que tienen que ver mucho con la espiritualidad y alguien
muy inteligente ha sabido aprovechar esta circunstancia para mantenernos
alejados de buscar este tipo de espiritualidad, ¿quizás por qué se acerque a
nuestra verdadera esencia y a lo que en realidad somos?
Son conjeturas sin pruebas sólidas, pero con fundamento.
La gran cuestión sería ¿Quién? Pero eso lo trataremos más adelante

He estado estos meses de verano experimentando y analizando todo lo que me sucedía y aquí estoy de nuevo para exponerlo a todos y que, de alguna manera, os pueda servir de ayuda. Esa es mi intención.

Durante estos dos meses de verano (Julio y Agosto) no he tenido muchas experiencias, apenas cinco o seis y dentro de estas cabe recalcar dos de ellas de gran calado y repercusión en la visión que tengo acerca de este fenómeno.
Puedo decir que ya no sufro de parálisis del sueño, es muy raro que me suceda y si esta se produce puedo salir de ella a voluntad o bien profundizar en la misma para realizar algún viaje , dependerá del día y mi estado de ánimo y voluntad.
Como ya dije en anteriores ocasiones ésta (la PS) evoluciona a otro estadio diferente, se vuelve más esquiva y se hace más difícil permanecer dentro de ese particular estado de alteración de conciencia y percepción.
La franja que hay entre el estado de sueño-vigilia es muy estrecha y para salir con conciencia hay que permanecer en esta línea.
Debemos de estar muy atentos a las señales que nos indican que estamos entrando en este peculiar estado de conciencia.
Las señales son las vibraciones, éstas pueden ser suaves y apenas perceptibles o bien fuertes y acompañadas de sonidos bruscos.
No debemos pasarlas por alto y aunque creamos que estamos plenamente despiertos cuando se producen, esto no debe de llevarnos a engaños, siempre que aparecen las vibraciones nuestro cuerpo está en el lugar idóneo para realizar la salida y el posterior viaje.
Es en ese preciso momento cuando debemos de relajarnos lo máximo posible ya que cualquier alteración interna o externa nos puede sacar al estado de vigilia y ahí se acabó el viaje.
No hay que hacer nada, solo relajarnos y dejarnos llevar. Nadie tira de nosotros y esto es muy importante. Mucha gente cree que alguna fuerza extraña o ser intenta sacarlos de su cuerpo y es cuando viene la resistencia, la lucha, los miedos y los traumas.
Creo que es un proceso natural que se produce todas las noches cuando dormimos, es la antesala de los sueños y como no estamos conscientes de ello nos dejamos llevar sin problema.
Pero en estado de parálisis si tenemos conciencia de lo que está sucediendo, estamos siendo testigos en primera persona de la salida de nuestro cuerpo astral, o conciencia de nuestro cuerpo físico y lo reconozco que es una sensación tan extraña que si no la conoces te puede asustar un poco.

Agosto 2016, en un bonito lugar de la Sierra Albaceteña:

Estaba con mi familia unos días de descanso en unas casas rurales en la Sierra de Albacete, un lugar que había sido un antiguo cortijo reconvertido en varias casas rurales, en medio de la naturaleza.
Estuvimos cinco noches y no fue hasta el tercer día que no tuve una experiencia destacable.
Fue durante una breve siesta, me dispuse a realizar, como de costumbre, la meditación previa y al relajarme por completo caí en el sueño. Esta vez el estado alterado de conciencia se produjo a la salida del mismo.
Noté una fuerte presencia en el lado derecho de cara, algo que estaba pegado a mi cara y observándome.
La verdad es que me sentí perplejo ya que su presencia tan cerca de mí resultaba ser un tanto amenazante, era cómo si tratase de intimidarme de asustarme para que abandonara su plano y que no me entrometiera.
Traté de calmarme y de no asustarme más de lo debido, ya he pasado muchas veces por algo similar y había probado toda clase de tretas para huir o enfrentarme a estas criaturas o entidades, pero en esta ocasión quise probar algo que nunca antes había hecho que era tratar a la entidad con respeto y educación.
No supe cómo hacerlo y entonces se me ocurrió dejar a mi instinto actuar desde la honestidad y desde mi intuición.
Se me ocurrió en primer lugar saludar al ser desde mi propio ser, como un saludo de Ser a Ser, reconociéndolo como tal y mostrándole mis respetos.
En segundo lugar le expuse mis intenciones, que no eran malas y no tenía ningún interés en molestarle, ya que estaba de paso y en unos días me marcharía.
La tercera acción que tomé fue pedirle permiso para entrar en su territorio o espacio particular de su plano.
La última acción mental que hice fue decirle que no me atacara ya que le respondería de la misma manera.
Tras estas acciones, todas mentales, el ser me dejó tranquilo y me quiso dar a entender que era o fue una mujer de 25 años que era la dueña del cortijo y que era todo suyo y de nadie más.
Comprendí al instante que este ser estaba atrapado en lo que se denomina un apego material, tan fuerte que ni la propia muerte logra desvincular. Traté de preguntarle por qué no seguía su camino pero creo que fue en vano.
Su apego al cortijo era tan grande que tardaría mucho tiempo en desprenderse de él y proseguir su viaje. No insistí mucho más y la cosa quedó ahí.
El ser me permitió salir de mi cuerpo sin molestarme y procedí a iniciar mi viaje, este fue especialmente lúcido y descriptivo pero me reservaba alguna sorpresa que más tarde analicé.

Una vez fuera del cuerpo hice la petición de viajar a ver las pirámides, pero algo falló en la misma.

Solicité y cito textualmente "Deseo viajar a la época de las pirámides"

Yo pensaba que me trasladaría al Egipto esplendoroso de la época en que se construyeron las pirámides pero el destino final que me encontré fue totalmente inesperado para mí.

De repente me hallé en medio de una gran ciudad a los pies de una impresionante pirámide de proporciones gigantescas, pero no la reconocía como alguna de las famosas de Egipto. Ésta era diferente, era inmensa y sus piedras eran incluso mayores que las que componen la gran pirámide de Guiza.

Las piedras eran aplanadas y muy largas cómo enormes bizcochos de soletilla gigantes (no se me ha ocurrido nada más parecido, lo siento) pero de piedra, podría tener cada uno de 25 a 30 metros de largo por dos o más de alto y una profundidad de 3 ó 4 metros.

Pero lo más asombroso no era eso si no que estas piedras levitaban unas sobre las otras conformando así la enorme pirámide.

Una extraña fuerza las mantenía separadas verticalmente unas de otras.

En el viaje hubo muchas más cosas que no voy a describir para que no me tomen por un completo enajenado.

Otra cosa que me sorprendió fue la época en la que me encontraba, era la Tierra hacía 250.000 años.

Toda esta información llega de manera automática a la mente, uno hace una pregunta y le es respondida en forma de paquete de información que contiene la respuesta con todos sus matices y de un solo golpe, por así decirlo. Es como un todo que tienes que procesar y lo entiendes al instante sin error posible. Dicen que así funciona la telepatía y es realmente algo curioso de experimentar.

También me sucedió algo parecido con la comunicación que tuve con la mujer del cortijo. La información te llega de golpe y en forma de paquete o semilla.

Pues me encontraba en una ciudad, con muchas pirámides en sus alrededores y éstas eran imponentes.

Quizás mi petición si se cumplió y me llevó a la época en que las pirámides más proliferaron en la Tierra.

Lo que no pude ver, porque creo que no se me permitió, fue a los habitantes de esta ciudad. La ciudad estaba desierta por completo y todas las construcciones estaban intactas.

Regresé a mi cuerpo con una grata sensación después de esta experiencia y viaje.

Conclusiones:

Lo que cabría resaltar de esta experiencia serían dos aspectos que creo que son importantes:

Uno es que al salir de nuestro cuerpo estamos invadiendo un lugar o espacio que no es de nuestra naturaleza física y al que no estamos acostumbrados.

Estamos atravesando un territorio que posiblemente sea el hogar de otros seres que lo habitan de manera habitual y es su hábitat de desarrollo o de paso en sus experiencias.

Creo que es importante la comunicación con respeto y ser honesto, también exponer de forma clara las intenciones que lleva cada uno y dejar claro que no queremos ni buscamos el enfrentamiento.

Somos nuevos en estos territorios y como exploradores deberíamos tratar a los seres que podamos encontrar con el debido respeto y la máxima educación.

En mi caso el ser respondió de manera positiva y me dejó atravesar su "territorio" y no nos molestamos el uno al otro.

Creo que también es importante tratar a estas entidades desde el Ser propio a su Ser propio y dejar que se reconozcan. "De Ser a Ser"

Reconociendo su identidad y su circunstancia.

Quizás lo estemos haciendo mal. Quizás estemos invadiendo un terreno que no es nuestro y las criaturas que lo habitan simplemente se estén defendiendo de los intrusos que les amenazan.

Por eso os propongo, a todos los que sufrís la Parálisis del sueño a que probéis a hacer esto que os he dicho anteriormente.

Que cuando os encontréis con algún ser que os de miedo, pensad que, a lo mejor, somos nosotros los que estamos invadiendo su hábitat.

Probad a tener otro comportamiento a ver qué sucede.

Recordad los cuatro pasos que antes he citado:

-	Saludo de Ser a Ser

-	Exponed vuestras intenciones desde la honestidad (viaje astral, sueño lúcido, contactar con seres queridos etc.)

-	Solicitar, amablemente, permiso de paso

-	Dejad claro que no tenéis intención de ofender o atacar a nadie a no ser que seáis atacados y que llegado ese caso responderíais.

Lo que también tengo claro es que si la PS y los estados alterados de conciencia son una cualidad intrínseca del ser humano tenemos la obligación de explorarla y avanzar entre todos

Sean valientes y respetuosos.

Proyección mental y Kundalini a través de la meditación

Todos sabéis que investigo, desde hace algunos años, la relación de la parálisis
del sueño y los estados alterados de conciencia.

Al principio me encontraba totalmente perdido, sin respuestas y las sospechas
que pudiera tener no se veían confirmadas. Todo parecía aleatorio, sin un patrón
claro que desvelara el misterio de estos episodios en mi vida.
Reconozco que hubo un tiempo de desánimo y me daban ganas de mandar todo
el proyecto al "baúl de los recuerdos"
Pero con todo eso no dejé nunca de experimentar y continuar buscando
respuestas.
A día de hoy miro atrás y veo que he avanzado mucho respecto a los comienzos
y que incluso he cambiado mi punto de vista respecto al mismo.
Todavía no tengo la fórmula exacta para producir un estado alterado de
conciencia natural, cuando digo natural me refiero sin drogas o alucinógenos.
Pero sí he podido extraer algunos matices que se repiten y que sí responden a una
especie de patrón común en estas experiencias.
Antes de nada quisiera distinguir dos términos que creo que son importantes:
-   La proyección mental
-   La proyección astral
La proyección mental es una salida del cuerpo, con voluntad o sin ella y te
encuentras en el mismo lugar donde te quedas dormido.
Se puede dar como la típica parálisis del sueño sin poderte mover, o bien una
salida del cuerpo fortuita y te encuentras levitando, siempre en el mismo lugar en
el que te encuentras físicamente.
Por regla general son a las que accedo con más asiduidad.
Al llegar al estado vibracional indicativo de que estamos listos para salir, la
conciencia o la mente de la persona sale del cuerpo físico y pasa a "otro plano
físico diferente al habitual"
Este plano es muy similar al que conocemos de todos los días, salvo leves
matices que nos indican que estamos en el "otro lado"
Eres plenamente consciente de todo, sabes dónde estás y es como estar
totalmente despierto y con todas tus facultades mentales a pleno rendimiento, a
diferencia de cuando estamos soñando.
Cuando logro salir a través de una proyección mental, mi cuerpo es solo energía
sin forma y el escenario es muy tenue, tengo que esforzarme en mantenerme en
esa línea para no caer en el sueño o pasar al despertar.

El lugar es difuso, requiere mucha concentración mental para que las cosas que lo componen comiencen a tomar forma. Hay trucos para estabilizar el escenario, como tocar objetos o moverse dentro del mismo.

Una vez que el escenario está estable y hemos logrado mantenernos en él podemos, a continuación, experimentar a nuestro gusto.

La proyección astral, es similar a la mental pero tiene unas características que la hacen muy específica.

Se puede dar de manera fortuita y natural o bien buscada y planificada.

La gran diferencia con la mental es que el cuerpo es mucho más perceptible, tienes todos tus miembros y los usas de la misma manera que en la vigilia. Pero el cuerpo es mucho más sutil, casi trasparente.

La sensación de realidad es abrumadora y el escenario está totalmente conformado, no hay que esforzarse en crearlo o estabilizarlo.

En la proyección astral no necesitas tener que pasar por todos los pasos previos, se suele dar de manera fortuita y sobre todo en los episodios más profundos de la Parálisis del sueño, de ahí que las personas que la padecen la sufran tanto, debido a su gran realismo y similitud con el estado de vigilia.

Pocos se atreven a salir de su cuerpo en ese momento, al contrario, casi todos luchan por despertar y salir de ese estado.

Yo, al contario es precisamente al estado que pretendo llegar.

Porque acceder al astral no es tarea fácil y desde luego menos desde la voluntariedad, todo se vuelve cuesta arriba y requiere de muchísima energía para acceder a él.

Pero desde la PS al Astral hay un solo paso.

Si lo hacemos desde una proyección mental, nos costará mucho más esfuerzo que si lo hacemos desde la PS.

Otro cantar es que podamos entrar al Astral y tengamos éxito.

En mis innumerables experiencias solo puedo decir que he estado en el auténtico Astral en apenas dos o tres ocasiones.

Una de ellas la explico en el capítulo "Somos Esferas" donde se me permitió acceder para mostrarme algo muy especial.

En otra ocasión accedí de manera involuntaria pero en esta ocasión "algo" "rápidamente me denegó el paso. Este "algo" me sugirió que no saliera de mi cuerpo y con una gran presión sobre mi espalda me devolvió al mismo.

Las palabras exactas que empleó no quiero reproducirlas ya que no fue muy cortés.

Por eso sospecho que la mayoría de veces que he logrado salir ha sido a través de proyecciones mentales y que mi subconsciente era al lugar hacia donde iba...

El Astral es otra cosa más profunda todavía y enigmática a la vez que sobrecogedora.

Hecha esta aclaración quisiera compartir con vosotros algunos de mis avances acerca de las proyecciones mentales y de su importancia para acceder al verdadero Astral.

Hace poco pude comprobar algo inquietante y a la vez esperanzador en una de mis salidas.

Como de habitual identifiqué el estado previo, con leves vibraciones y me dispuse a salir en otro viaje de experimentación.

Me costó mucho poder salir y una vez fuera me resultaba muy difícil mantenerme en el estado alterado, noté como estaba realizando un gran esfuerzo por mantenerme a flote y apenas pude resistir más que unos pocos segundos.

Pero hubo algo de lo que me percaté que me dejó realmente perplejo y fue que de la parte más alta de mi cabeza emanaba una potente fuente de energía, justo desde lo que se denomina el Chakra corona.

Un potente rayo de energía salía de mi cabeza, cosa que me sorprendió ya que nunca antes lo había percibido.

Era como un torrente de fuerza saliendo por mi cabeza, como si mi cuerpo generara una gran energía para que mi conciencia se pudiera proyectar

Esto confirma mis sospechas que reflejé en la entrada "Metodología II" y que a través de un estado alterado de conciencia se activa la Kundalini y el tercer ojo, ahora lo tengo claro.

Meditación de los círculos o espirales

Todas las veces que he logrado salir con buenas condiciones de estabilidad y de proyección han sido con un tipo de meditación muy particular, que ahora les voy a describir.

No siempre que quieres puedes logar una salida, depende de algunos factores comunes que deben darse para que la salida sea de buena calidad.

Las principales son el estado de ánimo y la fuerza física de la que dispongamos en ese preciso momento.

Un estado positivo ayuda muchísimo en captar la energía sutil que viene en forma de oleadas y recorre todo nuestro cuerpo, seguro que la ha notado en alguna ocasión cuando medita.

Si no se cierra a esa energía y deja que fluya por su cuerpo ésta le proporcionará el combustible necesario para proyectarse, como si de un cohete se tratara.

Es necesario estar en buena forma física, con suficientes reservas de energía. Si usted se encuentra excesivamente cansado casi con toda probabilidad no podrá proyectarse a ningún sitio. Tampoco funciona cuando nos encontramos enfermos ya que nuestro cuerpo está empleando esta energía sutil en auto-sanarse y como el cuerpo es sabio tiene sus prioridades.

Si se dan los dos condicionantes antes expuestos podemos comenzar la meditación.

Cuando comienzas a meditar y notas las olas de energía, te sientes muy bien, muy a gusto contigo mismo, con la vida, con tus semejantes sientes esa alegría y paz interior, entonces, de alguna manera se alinean los chakras. Se colocan en su posición natural y correcta para permitirnos una proyección exitosa.

Lo notas enseguida, cierras los ojos y al poco tiempo comienzas a percibir una especie de círculos concéntricos que se alejan de tu campo de visión hacia un punto lejano.

Es como si fuéramos viajando con un automóvil por un túnel y miráramos el túnel desde la ventanilla trasera del auto.

Los círculos se alejan de nuestro campo de visión hacia el infinito.

Aparecen nuevos círculos que nos rodean y se alejan, así uno tras otro sin cesar.

Una vez que visualicen los círculos no hay nada más que hacer, solo prestar atención a éstos.

No hay que atender ni la respiración, ni nuestro ritmo cardíaco, nada de nada, solo observar los círculos.

Estos nos tranquilizarán y nos harán respirar de la manera correcta y reducirán nuestro ritmo cardíaco sin que nos demos cuenta de ello. Solo hay que observar los círculos.

Cuando haya pasado cierto tiempo nos vendrán unas ganas tremendas de dormirnos, pues durmamos, se nos está abriendo el camino....

Ahí tenemos que seguir los pasos que detallo en "Metodología I y II" para poder llegar el Estado alterado de conciencia o bien al comenzar el sueño o bien saliendo del mismo.

Esta meditación no se da todos los días, no cuando uno quiere. Si no más bien se da cuando tu cuerpo y tu mente están preparados para ella.

Se tienen que dar las circunstancias apropiadas para ello, que antes he expuesto.

No pretendo que me crea, no es esa mi intención. Puede no hacerlo, está en su derecho.

Si le pido que si realmente está interesado en el mundo espiritual haga lo mismo con otros escritos y desconfíe, en gran medida, de todos.

¿Por qué? Pues porque son muy pocos los que te piden que **experimenten por sus propios medios** y llegado al caso le ofrecen una serie de ejercicios poco concretos y de dudosos resultados.

Solo nos piden fe y eso termina por convertirlos en nuevas religiones pero con los mismos defectos que las antiguas...

Yo le cuento mis experiencias, para bien o para mal y cómo he llegado a ellas.

Usted puede creer en fantasías ajenas de otros, incluso las mías o bien, por el contario, ponerse en marcha y experimentar su propio camino con sus propios métodos.

He encontrado muy poca información de cómo alcanzar un estado alterado de conciencia, nadie explica cómo se llega a él, salvo por medio de psicotrópicos o alucinógenos.

Los grandes meditadores no explican nada acerca de sus vivencias y los gurús tampoco, aducen la excusa de que es algo "muy personal"

Entonces ¿Por qué seguir a alguien que solo pretende que gires continuamente en la rueda del hámster? y así, de paso, vaciar su bolsillo.

Yo le digo que hay otra vía con muchos menos efectos secundarios y menos cara, solo tiene que experimentarla usted mismo y encontrar sus respuestas.

Si le sirve mi método me parecerá genial, si encuentra otra vía de éxito para llegar al mismo sitio lo mismo le digo.

Como todos sabéis yo solo hablo de mis propias experiencias y de las conclusiones a las que éstas me llevan.

Una de las situaciones más curiosas de los estados alterados de conciencia se da cuando te trasladas a otros lugares y situaciones totalmente diferentes a la realidad en la que se encuentra la conciencia habitualmente.

En innumerables ocasiones me he visto en estas increíbles circunstancias.

Mi conciencia se transporta a otro cuerpo, pero lo más llamativo es que a este "otro cuerpo" lo identifico como yo también.

Sin diferencias sustanciales en lo que se refiere a la identidad propia del ser, que no existen como tal. Me reconozco a mí mismo sin problema, no me siento extraño y tengo la casi certeza de que también soy yo u "otro yo".

Lo que es totalmente diferente son las circunstancias y la vida y experiencias de estos otros yos.

Me explico con ejemplos:

En algunas ocasiones y cuando te hallas en un estado alterado y decides salir de tu habitación, las situaciones que te puedes encontrar son de lo más variopinto.

Por ejemplo puedes estar en la propia casa que resides y en algunas ocasiones ésta es diferente, pero solo en algunos aspectos, decoración, disposición de los muebles etc.

En otras ocasiones tu casa ha cambiado por completo, no es la habitual. Es otra casa y te percatas enseguida de ello.

Pero se da la circunstancia de que esta otra casa no es del todo ajena a ti.

De alguna manera la identificas también como tu casa, es extraño pero así sucede…

Con los años llegas a identificar estas otras casas ya que se repiten y llegas a conocer las estancias cuando te encuentras en ellas. Las habitaciones, la disposición de todo, la cocina hasta, incluso, lugares secretos o escondidos…

Pero no solo encuentras cambios en la casa, además también hay cambios en sus habitantes.

Me he encontrado que mi mujer tiene otro nombre, es la misma persona, pero se llama de otra manera…

También he encontrado que mis hijas se llamaban con otros nombres diferentes a los suyos y las he visto cómo serán de mayores, no he podido ver sus caras pero si sus cuerpos.

En estas situaciones lo que mejor me ha funcionado es la intuición, es hacerse uno mismo las preguntas y dejar que fluyan las respuestas, que vienen, como ya dije en otro post, como semillas de información.

Es como un todo compactado que se comprende de golpe la situación y circunstancias concretas del lugar donde nos hallamos en ese preciso instante. No hay que hacer nada especial, solo estar atento a estas semillas y a la información que nos llega.

Me he visto a mí mismo viviendo en otras ciudades, he preguntado de qué ciudad se trataba y la respuesta que obtenía no corresponde a un lugar físico de nuestro plano, en otras palabras no existe en nuestra realidad.

Ahí yo tenía otro trabajo, tenía otra preparación académica, otra mujer otros hijos. Todo era diferente pero pese a ello no me sentía del todo extraño en estas situaciones. Mi conciencia las aceptaba como reales y posibles.

En cierto modo las consideraba como líneas de espacio y tiempo alternativas a la que me encuentro actualmente.

¿Y cuántas líneas hay?

Esa pregunta no tiene una respuesta exacta, yo diría que innumerables. Tantas como decisiones hemos tomado en nuestras vidas que hacen que los caminos de la conciencia se multipliquen exponencialmente, estas son especulaciones mías.

Y también tantas como divisiones tenga la conciencia, en otras palabras la conciencia experimenta innumerables vidas diferentes al mismo tiempo y nosotros (la parte consciente en esta realidad concreta) solo podemos ocupar el espacio que tenemos asignado en esta parcela concreta de experiencia-realidad.

De otro modo nos volveríamos locos y no creo que la mente humana sea capaz de asimilar algo tan grande y complejo como las multividas que tiene la conciencia. Empleo este término "multividas" (múltiples vidas al unísono) porque me parece más apropiado que el de "multiversos" (múltiples universos).

(La conciencia sería el tronco del árbol y nosotros una de las muchas esferas, El Yo superior)

¿Cómo llegar a estas realidades?

Hay varias maneras de llegar a estas vidas alternativas.

Una de ellas son los sueños lúcidos y otra las experiencias extra-corpóreas que se dan en los estados alterados de conciencia, que pueden ser precedidos, o no, por una parálisis del sueño.

Yo suelo acceder a través de la segunda con más facilidad que con los sueños lúcidos.

Cuando identifico el "estado previo" o vibraciones es el momento de proyectarse y salir del cuerpo físico.

Muy importante es realizar un patrón regular de acciones, por ejemplo:

1. - Estabilizar el escenario
2. - Una vez estable dirigirse hacia la puerta del dormitorio
3. - No pensar en nada concreto (para así no predeterminar o influir conscientemente en el proceso y alterarlo)
4. - Atravesar la puerta o el lugar que hayamos tomado como portal de referencia y enlace, puede ser la puerta, un armario, un espejo etc.
5. - Actuar con normalidad ante lo que nos vaya aconteciendo, no alterarnos si vemos cambios en el escenario y en los personajes.
6. - Preguntar mentalmente las dudas que nos surjan y dejar que fluyan las respuestas.
7. - Las respuestas nos llegaran de manera automática en forma de semillas de información, debemos dejar que fluyan e intentar comprender lo que se nos quiere trasmitir.
8. - No asustarse de lo que vayamos encontrando y actuar con normalidad, en la medida de lo posible. Ya que siempre volveremos a nuestro estado inicial. No hay posibilidad de lo contrario ya que estamos en otro plano pero con la consciencia del plano habitual y propio de nuestra realidad.
9. - Vivir al máximo la experiencia, dejando fluir los sentimientos que tengamos en ese momento y que nos ayuden a comprender, posteriormente, el mensaje.
10. - Intentar permanecer el máximo de tiempo posible en ese lugar, cuanto más tiempo pasemos más información obtendremos.
11. - No angustiarse con lo vivido, recuerden que estamos en realidades alternativas, no es nuestro hábitat habitual y cuando despertemos estaremos de nuevo en nuestra realidad.
12. - Intentar ayudar a los personajes que encontremos desde nuestra experiencia y conocimientos. Esto les será de gran valor y nos ayudará a nosotros a crecer y es posible que nuestros otros yos también hagan lo mismo por nosotros.
13. - **Muy importante:** Intente ser los más aséptico posible en cuanto a las creencias, éstas pueden jugarnos malas pasadas, me refiero a que debemos acceder con la mente en blanco y a ser posible sin creencias de ningún tipo ya sean religiosas o espirituales. ¿Por qué? Pues porque lo que se nos aparezca en estas realidades adoptará la forma que nosotros inconscientemente le demos en vez de su forma real. Si creemos o tememos algo se nos manifestará en la forma que creamos o temamos.

14. -   Irremediablemente, tarde o temprano la experiencia terminará volviendo usted a su cuerpo. Será el momento de analizar y tratar de comprender. Por regla general las primeras impresiones que nos inunden serán las más acertadas.

Hay otro tipo de viajes muy interesantes y que se dan muy de vez en cuando y son a otros mundos habitados por otras razas diferentes a la humana, pero eso supera a la ciencia ficción y quizás lo cuente en otra ocasión.

Como siempre les digo están en su derecho de desconfiar de mis palabras, reconozco que son de difícil asimilación, no pretendo que me crean, lo que sí les animo es a probar por ustedes mismos. Yo solo les proporciono o les recuerdo las herramientas y la principal de ellas debe ser el valor, que espero que encuentren en ustedes mismos.

La línea entre los mundos es delgada y efímera, se hace difícil transitar sobre ella.

Hoy publico una experiencia de un amigo, que me ha enviado muy amablemente y quisiéramos compartir con todos vosotros.

Además de la propia experiencia nuestro amigo APA, nos envía unos dibujos para poder comprender mejor las sensaciones visuales que experimentó.

Quiero agradecer a APA su generosidad y dedicación que nos ayuda a todos a comprender y profundizar en esta investigación acerca de la PS y de los estados alterados de conciencia que produce.

Animo desde aquí a todo el que quiera a compartir sus propias experiencias y sensaciones, nos servirán para crecer y lo más importante a tener más conocimiento acerca de este fenómeno para poder así ayudarnos unos a otros.

Os dejo con el relato:

Hace tiempo no me ha ocurrido una parálisis, o estado alterado de conciencia, creo que 3 meses, generalmente me sucedían unas 3 o 4 veces al mes, a veces más sucesivo y prologando, algunos con mayor trascendencia que otros,, pienso que es algo cíclico, o por determinados periodos de tiempo, aún no lo he investigado pero sí desde el 27 de julio del año 2016, empecé a recopilar por medio de fechas y descripción de mi estado anímico en estos sucesos, mi idea es realizar a través de estadísticas los periodos que suceden para eso debo saber mi estados de ánimos, y fechas durante un año, desde esa fecha me han ocurrido 10 p.s., todas con fecha, tiempo estimado de duración y estado anímico.

Mi método es una grabación simple de audio, esto debe ser después de despertar de una parálisis, ya que con el trascurso del tiempo, la información suele desvanecerse, como un sueño, quedando las sensaciones más importantes.

Mi intención relatar el suceso, lo que siento, pienso y veo, este último, en lo posible graficarlo, por medio de dibujos, que describan "más fielmente "lo que he visto, hasta la fecha he podido realizar dos dibujos concretos y fueron los primeros para ocupar este método, con el fin de saber un poco más de ello y de mí…

En el día 27 de junio de este año a las cinco y quince minutos de la tarde (hora Chilena), hora de termino cinco con treinta y ocho minutos de la tarde.

A continuación relatare mi grabación de voz, pero editando la redacción para que sea más entendible:

Generalmente las parálisis del sueño me ocurren a la hora de una siesta, (después de la comida) y hora de la tarde de un día.

No suelo practicar mucho la meditación o técnicas de preparación para aquello, pero si antes de dormir suelo pensar en que quizás me ocurra una parálisis, la mayoría de los sucesos ocurren cuando yo lo he pensado antes que ocurriese, entonces se podría deducir que podría de alguna forma condicionar mi mente, y

viéndolo así sería algún tipo de preparación, este punto aún no lo entiendo
mucho…
Un factor muy subjetivo es el tiempo que transcurre dentro de un estado alterado
de conciencia en mi caso, el tiempo lo noto mucho más lento, sensaciones de
triplicar el tiempo "normal", de 5 a 15 min. (tiempo de vida habitual) a 20 y 40
minutos (sensación).

El suceso me ocurrió en estado fetal, mirando levemente hacia el cielo, sentí la
parálisis como una sensación de cansancio, con los párpados cerrados, pero
mirando, en ese entonces solo podía notar el oscuro y el traspaso de luz de mis
párpados, similar a un color naranjo rojizo, en seguida note una cabeza
observándome al lado de mí, a unos 20 cm de mi cara, (aun con el fondo de los
párpados), pero mezclando el entorno de mi habitación,

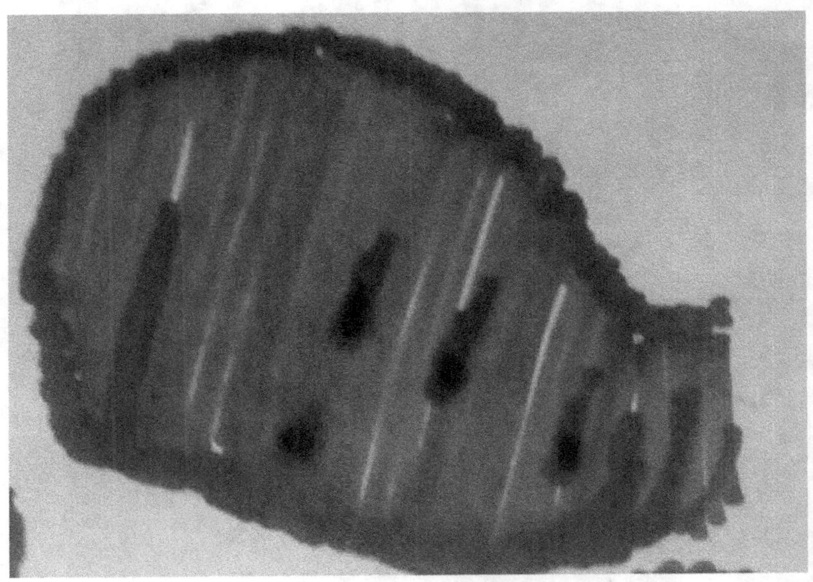

Primera visión: Cabeza observándome

 Este ser se retiró hacia mis pies pero este traspasaba la cama quedando el torso y
cabeza visible, la silueta era humanoide de colores fluorescentes, una mezcla
entre verde y celeste muy brillante.

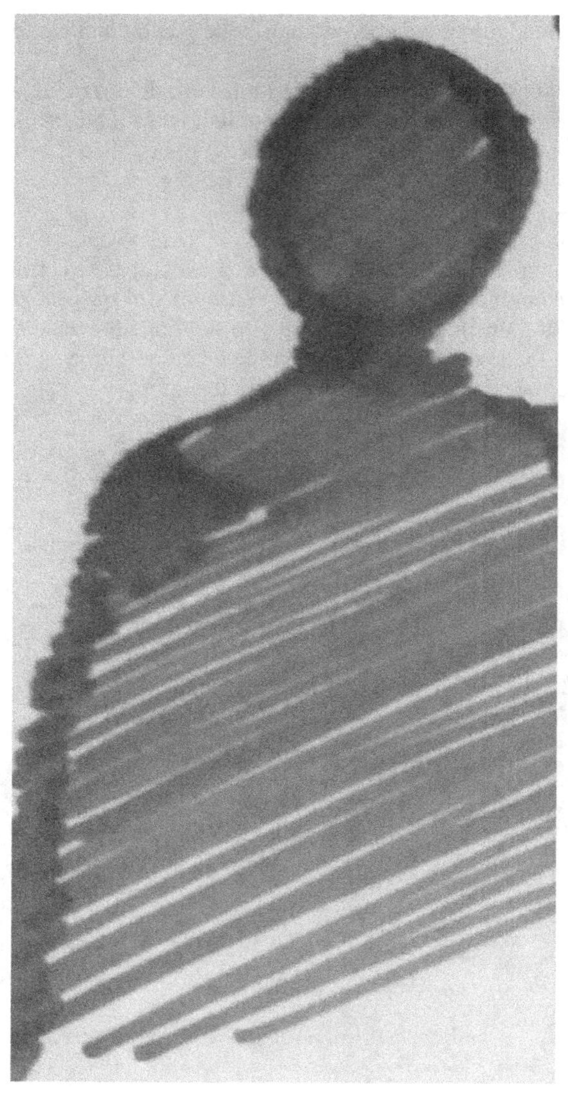

Segunda visión:
El ente me observaba, la silueta era más humanoide, torso, cuello y cabeza, sin
definición de ningún rasgo, entre verde y celeste muy brillante.

Yo tenía mucha curiosidad, pero también sentía algo de miedo, nunca se me
había presentado algo similar, en otras ocasiones, he visto dos entidades más
físicos, rasgos más humanos, pero este no tenía forma definida solo la silueta, los
colores y su energía que quería trasmitir.
Al momento de sentir más pavor al suceso su cabeza creció
desproporcionadamente.

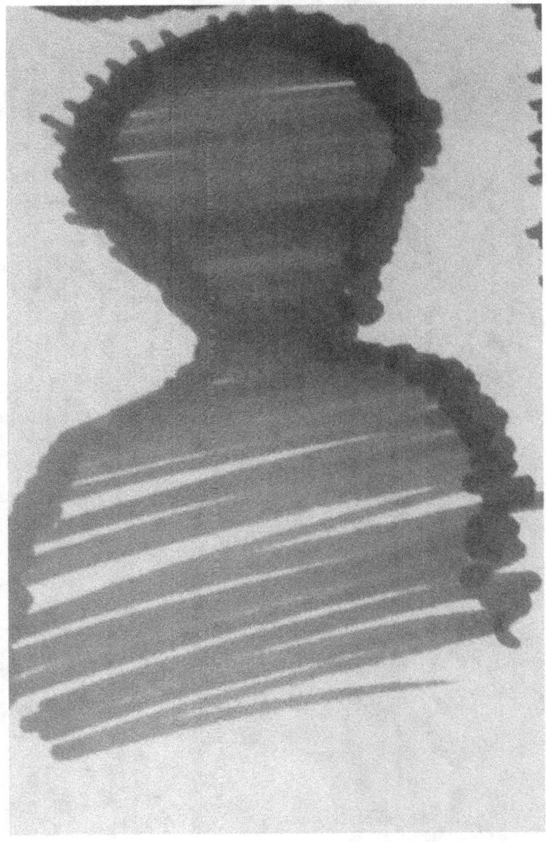

Tercera visión:
La cabeza empezó a crecer como crecía su agresividad

Enseguida su cuerpo creció, podría calcular que era de dos metros muy fornido, y su mensaje era claramente el que yo no debiese estar aquí, este ente era muy rápido se acercó hacia mí como un pensamiento, yo sin respuesta alguna. Solo sentía su fuerte presencia y su agresividad.

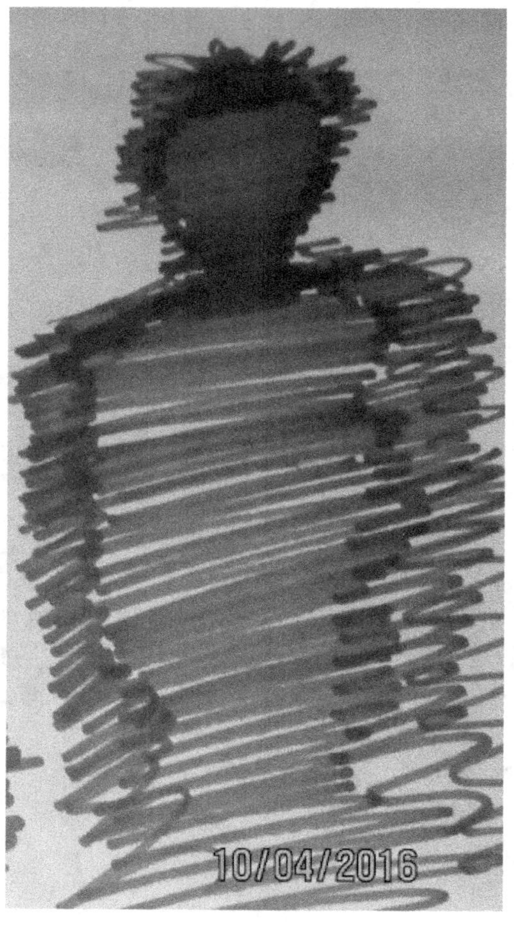

Última secuencia
 2 metros que intentaban intimidar, rápidamente en un parpadeo se lanzó hacia mí, atravesándome.

Mi intención fue dejarme llevar aunque sin mentir sentía algo de limitancia, volví a otro estado, era casi un inicio de parálisis previo a un estado alterado de conciencia, un momento donde tu cuerpo se paraliza, pero me sentía confundido ya que mi entorno lo veía como si fuera al revés, no podía distinguir las cosas, ni mis pensamientos, lo que me llevo a desesperarme y el querer salir, luego después de ese suceso mi entorno pudo volver a lo que es mi habitación, pero insectos salieron de mi cama intentando de atacarme, pero no le tengo miedo a los insectos, y en la P.S. solo fue un pensamiento fugaz de aquello, aparecieron de mí, fue un pensamiento mío, pero la entidad no lo sentí tan así, tengo entendido de que estas apariciones son productos de ti mismo, pero pienso que también hay algo externo que influye en esto, para bien o para mal.

Luego de los encuentros con las arañas, hubieron muchos tiempos vacíos, y quise pausadamente explorar ese entorno, primero con algún sonido, alguna vibración, pero no daba resultado, solo estaba inmóvil en mi cuerpo(los comienzos de las primeras p.s llegaba por la vibración)

Estaba algo ya cansado y empecé a pensar en querer salir, pero al momento de cerrar mis ojos en una parálisis (o la sensación), vi algo que me llamaba la atención…

Segunda parte:

Del suceso anterior sobre el ente y mis propios miedos, me llevo a la parálisis, el estado donde tu cuerpo no se mueve, un cansancio y un vacío, me ha ocurrido incontable de veces desde mis doce años hasta el día de hoy, la parálisis es una pero un estado de conciencia alterado es otra, en este punto existen tiempos vacíos donde siento nada solo la inmovilidad de mi cuerpo y mis pensamientos más el escenario de mi habitación, fue estos momentos donde se presenta mayor concentración, antes podía hacer vibrar mi cuerpo, ver mis manos, moverlas(aún puedo) pero estas no son físicas son trasparentes como una estela, como en un estado gaseoso y líquido, hace dos años empecé a ver figuras circulares con formas en su interior y sobre todo colores o intensidad de la iluminación como eléctricos, casi todas mis visiones son eléctricas, muy pocas veces he podido viajar, pero lo que he podido llegar a concretarme son figuras, cuerpo , colores y sentimientos muy elevados que en mi vida habitual no podría alcanzar.

No soy un hombre que medita, no soy religioso, no soy de las mejores personas, pero siento algo especial y en estos estados mis visiones y estados alterados de la conciencia son informaciones de mí, y quizás en estos estados es donde yo medito, mi propia meditación y concentración, es una mezcla de sentir y algo más…

En ocasiones veo en una parálisis estos mándalas o figuras geométricas de colores o plateados eléctricos en movimiento, como si de una película en mis ojos mezclado con el entorno de mi habitación, en mis pensamientos solo los observo, pero un día pude manipularlos. (Información de semilla).
Descripción:

Luego del acontecimiento de los entes y estando en estado de parálisis pude y puedo cerrar mis ojos, quedo con la imagen de la carne de los párpados, naranjo oscuro, pero en el fondo de ese naranjo oscuro veía un punto negro casi en movimiento, abría mis ojos en estado de parálisis y estaba en posición fetal de mi lado izquierdo mirando hacia la pared, pero cuando lo cerraba nuevamente sentía a mi moverme en una posición hacia el cielo, (como los faraones, ejemplo, lo primero que se me vino a la cabeza cuando estaba grabando), sentía liviandad, cuando cerraba mis ojos, pero cuando estaba en alerta me sentía cansado.

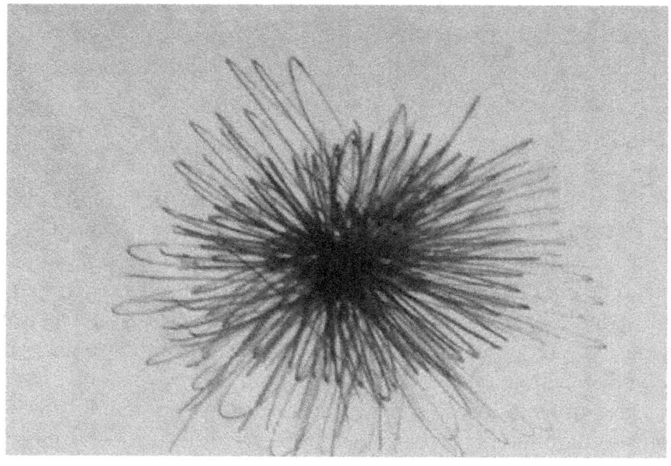

Imagen 1:
Representa el fondo de mi visión, un simple de cerrar de ojos notarías el fondo que veo, naranjo a oscuridad debido a los párpados

La imagen era un punto en el centro de la mirada, está en movimiento

Cerraba mis ojos y veía esta forma luego empezó a cambiar y esta forma empezó
a moverse en espiral era un color plateado eléctrico, muy brillante en dirección
al reloj, empecé a disfrutar de esto mi escenario era en su totalidad oscuridad
pero estas espirales eran brillantes.

Desde el centro que antes era el punto, empezó a formar una espiral en
movimiento

Estas tomaron una forma a una especie de gusano eléctrico. Luego fueron más.

Y empezaron a moverse y estas se unieron para formar un círculo, luego más se unieron para unirse y formar patrones.

No sé cómo lo hice pero podía separarlos y unirlos en su sintonía, iban
creciendo, pero algo me detuvo, era el tiempo, a veces me da una sensación en
que me quedaré en ese estado para siempre, o que debo hacer cosas, lo que
resulta volver a la parálisis y de ahí poder despertar.
Al despertar inmediatamente grabe lo que ocurrió y dibuje después de ello, para
tener la información siempre fresca, y creo que es un buen método para estudiar
estos estados.
Lo de la figura geométrica a partir de estos gusanos, no sabía si yo era eso, o que
yo como algo omnipresente podía manejarlos, es peculiar la similitud a las cosas
microscópicas, para formar algo más denso. Busqué referentes a mi figura y
apuntaba a la figura de Dios, la flor, la ecuación, y también pensé en ese estado
que se relacionaba con una creación de algo pero era creación…

Análisis y opinión:

En primer lugar quiero agradecer a nuestro amigo APA el relato de sus
experiencias y voy a intentar hacer un pequeño análisis desde mi modesta
opinión de los aspectos que considero más destacables.
He leído atentamente todo el relato y me llama poderosamente la atención la
similitud del desarrollo de las experiencias de APA y las mías propias, lo que me
lleva a la sospecha de que hay un patrón definido que se repite en algunos
aspectos en estos episodios de PS y Estados alterados de conciencia.

No tengo la absoluta certeza de todo lo que voy a decir, en realidad son
suposiciones basadas en el análisis de los factores comunes, que no son pocos.
En primer lugar nuestro amigo APA hace una clara diferenciación entre el estado
de PS y el del estado alterado de conciencia y estoy de acuerdo.
La PS es el inicio del propio estado alterado de conciencia, cuando te despiertas
en la PS y te encuentras inmóvil es el principio de algo más que dependerá de la
decisión de la persona si avanza en este terreno o por el contrario decide luchar
en contra y abandonar el estado, impidiendo así cualquier tipo de interacción e
interrumpiendo la experiencia (la mayoría de las personas que padecen la PS se
quedan en esta segunda opción de lucha y rechazo) no es el caso de APA.
APA tiene mucha experiencia y desde hace muchos años, lo que le ha permitido
superar las etapas de miedo y lucha, no sin esfuerzo por su parte. Eso le permite
avanzar al siguiente estado y experimentar un dialogo con su subconsciente o
con el "otro lado de la realidad" o con su propio subconsciente
Llama la atención la claridad con la que describe las formas y colores eléctricos,
lo que denota una fuerte conexión con el mundo interno y una necesidad de
comunicación, no sabemos en qué medida del consciente al subconsciente o
viceversa.
APA nos cuenta que ve, en ocasiones, su **cuerpo traslúcido o líquido**. Es común
en lo que llaman el cuerpo energético o astral. Desde el estado de PS podemos
acceder fácilmente a él y tiene estas características de trasparencia y liviandad.
También hace referencia a la sensación de **dilatación del tiempo**, lo que me hace
sospechar que en esos instantes nos hayamos fuera de las leyes físicas del
espacio-tiempo ya que si toda la experiencia dura aproximadamente 10 minutos
la sensación es de 40-45 minutos.
La ausencia de creencias facilita enormemente la comunicación, me explico:
nuestra parte cerebral consciente siempre va a intentar dar sentido a lo que se nos
presenta en un estado de PS, aunque sea rellenando huecos y utilizando
elementos disponibles que tengan un significado claro para nuestro entender, por
eso a una mera sombra o cúmulo de energía le va a dar la forma de un ser que
comprendamos, es pura trasformación de una realidad que no comprendemos ni
estamos acostumbrados a tratar con ella y sustituirla por algo que sí
comprendamos. De ahí que muchas personas vean sombras y tengan forma
humanoide o de monstruos que tengamos en nuestro archivo de imágenes de
nuestro cerebro.
En mi caso particular he llegado a tener que dejar de lado todo tipo de creencias
(religiosas, espirituales, esotéricas etc.) para ver sin ningún filtro a estas
entidades y no son otra cosa que pequeñas nubes de energía oscura que se
encuentran en el mismo plano que nos hayamos nosotros durante la PS, no son
más que energía con voluntad y razonamiento propio.

Estas formas energéticas se encuentran, sobre todo, en las capas más bajas de lo que algunos denominan el bajo astral. No puedo confirmarlo pero desde luego que están ahí, afortunadamente no siempre, pero desde luego que me las he encontrado en muchas ocasiones.

Otro aspecto curioso es que nuestro amigo describe que justo cuando más miedo tenía esta figura humanoide comenzó a crecer…

De lo que se puede deducir que el miedo que nosotros mismos producimos es un tipo de alimento de estas entidades y él vio como ésta crecía a medida que el miedo aumentaba…

La situación cambia radicalmente cuando le frecuencia vibratoria de APA sube a otra más elevada, más tranquila y más relajada.

Las sombras o seres amenazantes se diluyen, es como si no pudieran seguirnos hasta estos nuevos lugares.

Ahí aparecen otro tipo de energías, más brillantes, luminosas y coloridas.

Lo que él describe como **mandalas**.

Los gusanos eléctricos

Quisiera hacer una mención aparte de este dato que nos facilita APA.

El de los gusanos eléctricos que creo que es un dato de gran importancia.

Comienza con un punto distante que está en movimiento y a éste le sigue una espiral. Parece como si estuviera realizando un viaje o desplazamiento de la conciencia a otro lugar.

Una vez llegado a este lugar aparecen en escena unas formas de luz con semejanzas a gusanos, en principio es solo uno, pero al poco tiempo aparecen más de estas extrañas formas.

Conforman un patrón de movimiento y se organizan en forma de círculos geométricos.

Lo más sorprendente es que estos círculos responden mentalmente a APA y parece que actúan según sus pensamientos. Lo que me recuerda a lo que decía el gran Castañeda acerca del lado activo del infinito.

Y también me recuerda a los escritos hinduistas que hablan de la realidad en la que vivimos y la llaman Maya o ilusión y que la auténtica realidad se esconde tras esta ilusión y a la verdadera realidad la llaman Brahman.

Dejo una bella historia sacada del blog:

*http://lacreacion-pablosanchez.blogspot.com.es/2014/09/la-leyenda-de-brahma-
y-maya.html*

*Existe una vieja historia de India que nos habla de la soledad de Dios:
Brahman. No existía nada más que Brahman, y por esa razón estaba muy
aburrido. Brahman decidió jugar a un juego, pero no tenía a nadie con quien
jugar. De modo que creó a una hermosa diosa, Maya, con el único propósito de
divertirse. Una vez que Maya existió y Brahman le explicó el propósito de su
existencia, ella le dijo: «De acuerdo, juguemos al juego más maravilloso, pero
tú harás lo que yo te diga». Brahman aceptó y, siguiendo las instrucciones de
Maya, creó todo el universo. Creó el Sol y las estrellas, la Luna y los planetas.
Después, la vida en la Tierra: los animales, los océanos, la atmósfera, todo.
Entonces Maya le dijo: «Qué bello es este mundo de ilusión que has creado.
Ahora quiero que crees un tipo de animal que sea tan inteligente y goce de tal
conciencia que esté capacitado para apreciar tu creación». Finalmente,
Brahman creó a los seres humanos, y una vez que acabó con la creación, le
preguntó a Maya cuándo iba a empezar el juego.
«Lo empezaremos de inmediato», dijo ella.
Cogió a Brahman y lo cortó en miles de pedacitos diminutos. Puso un trocito en
el interior de cada ser humano y dijo: «¡Ahora empieza el juego!
¡Voy a hacer que olvides quién eres y tendrás que encontrarte a ti mismo!».
Maya creó el sueño y, hoy, Brahman todavía está intentando recordar quién es.*

Brahman está ahí, en tu interior, y Maya te impide que recuerdes quién eres.

*Cuando te despiertas del sueño, te conviertes de nuevo en Brahman y reclamas
tu divinidad. Ahora, si el Brahman que está en tu interior te dice: «De acuerdo.
Estoy despierto, ¿qué ocurre con el resto de mí?», como conoces el juego de
Maya (la ilusión), comparte la verdad con otras personas para que despierten
también. Uno se divierte más cuando hay dos personas sobrias en la fiesta. Y si
son tres, mejor que mejor. Empieza por ti. Después, empezarán a cambiar más y
más personas, hasta que todo el sueño, toda la gente que está en la fiesta, esté
sobria.*

¿Es posible que APA experimentara por unos instantes la verdadera realidad o Brahman? ¿Es por eso que no quería salir de allí? ¿Por qué tenía la sensación de tener que hacer cosas todavía?

La verdad es que estas experiencias aparte de bellas y enriquecedoras nos dejan con muchos interrogantes y creo que son un mensaje desde y para nosotros mismos o nuestra esencia que en muchas ocasiones ignoramos o malinterpretamos porque lo queremos adaptar a nuestra propia realidad.

Lo que no debe impedir que sigamos buscando la verdad.

Muchas gracias amigo APA

En mis investigaciones me gusta guiarme por dos aliados poderosos, que son mi lógica y mi intuición. Si una no alcanza tiro de la otra.

Dado que casi todos los expertos en la mente achacan a que las entidades que se nos aparecen en la PS son producto de nuestra imaginación, meras alucinaciones y producto de nuestro subconsciente. Y ahí se quedan, sin querer profundizar nada más, sospecho porque es un recurso o muletilla para salir del embrollo que les ocasionaría dar explicaciones y argumentos a lo inexplicable.

Entonces me hago la siguiente pregunta: Si todo es producto de nuestra imaginación o subconsciente ¿Qué ser viviente querría torturarse a sí mismo con tales alucinaciones? ¿Qué ventaja nos trae? ¿Qué clase de subconsciente tenemos? ¿Es nuestro? O acaso nuestro subconsciente es un hijoputa!!

Estas preguntas nos llevan a otro lugar, en definitiva no creo que la naturaleza haya diseñado una mente que se autodestruya y que se torture a sí misma, no tiene sentido de ninguna de las maneras. No conocemos especie alguna en este planeta que posea una mente (subconsciente) que sea tan dañina para los propios seres, a excepción de la mente humana.

Si no tenemos antecedentes en otras especies de tal despropósito ¿Qué demonios hace que nuestro subconsciente nos atormente con estas alucinaciones? ¿Por qué? ¿La naturaleza nos diseñó mal?

Personalmente creo que la naturaleza es muy sabia y no se equivoca, no deja nada sin atar y si alguna vez lo ha hecho la especie que ha resultado tocada con tal error ya no está entre nosotros.

Mis sospechas ya las apuntaba en las conclusiones del post "¿Somos esferas?"

Claro ahí la lógica se pierde en el laberinto de las hipótesis y es donde entra la segunda opción con fuerza: La intuición

La verdadera forma de las entidades

Al principio de todo, cuando era un niño las entidades que se me aparecían en mis episodios de PS eran difusas, nunca las podía ver completamente. Eran más bien presencias sin forma definida, oía ruidos similares a pasos que se acercaban

a mi habitación, quería pensar que se trataba de mi madre o mi padre, pero en el
fondo yo sabía muy bien que no eran ninguno de los dos, eso me aterrorizaba.
Nunca llegué a verlos con claridad y nitidez a excepción de una vez, creo que
tendría 4 ó 5 años de edad y vi a tres entidades femeninas que me agarraron e
hicieron con mi pequeño cuerpo verdaderas barbaridades que prefiero no contar,
eso me marcó de por vida.
Estas entidades vestían de negro todo su cuerpo, incluso sus rostros estaban
tapados por una capucha del mismo color, me tuvieron un rato agarrado y se
reían constantemente.

Posteriormente, ya en la adolescencia, aparecieron otras entidades o mejor dicho,
estas adoptaron otras formas diferentes.
Ahora sí podía verlas, eran más parecidas a los famosos grises, tan arraigados en
nuestra cultura moderna.
Ya siendo adulto, las entidades tomaron formas de lo más variopinto, a veces se
disfrazaban con la apariencia de algún familiar cercano del que no sospechara y
que sabían que no iba responder de manera violenta en contra de ellas.

No fue hasta bien entrado en la madurez y hasta que no me quité de la cabeza
todo tipo de creencia e ideales impuestos en mi mente que no pude observar la
realidad de estas criaturas.
Se debe ser lo más aséptico posible en cuestión a creencias, me explico:
Si alguien cree en los ángeles indefectiblemente también creerá en sus opuestos,
en este caso los demonios.
Si creemos en alguna entidad divina creadora, también lo haremos en su opuesto
que sería una entidad divina destructora.
Si creemos en hadas y duendes también lo haremos con trolls y brujas.
Cuando nuestro subconsciente se enfrenta a algo desconocido y no sabe o no
puede identificarlo va directo al cajón de creencias para desde ahí tomar la que
considere más apropiada y que encaje con lo que estamos experimentando justo
en ese momento, aunque esta sea terrorífica y nos la va a plasmar delante,
redibujando la forma que tenemos delante y haciéndonos creer que se trata de
cualquiera de los seres de nuestra imaginación en los que hayamos creído alguna
vez.
Estas entidades se disfrazan, no cabe duda y somos nosotros quienes les damos el
disfraz con nuestras creencias.
Solo desde la observación aséptica de creencias podemos ver la verdadera
naturaleza de estas entidades.
Y esta es una forma de energía oscura, una pequeña nube de plasma oscuro y
energético. No son otra cosa que eso.

Tienen voluntad propia y parece que buscan una reacción emocional en nosotros,
esta puede ser o bien el miedo o bien la excitación sexual.

Ambas energías y según textos antiguos son muy poderosas y de alguna manera
sirven de alimento a estas entidades que necesitan energía para sobrevivir en
estos planos alternativos o paralelos a nuestro mundo.

Sé que lo que acabo de decir parece una locura, pero mis experiencias y mi
propia intuición me dicen que puede que no lo sea.

Los gnósticos ya hablaban de ciertas criaturas que se alimentaban del sufrimiento
humano y los llamaron "Los Arcontes"

También en el Islam aparecen con el nombre de Djinns o genios demoníacos.
Carlos Castaneda habla de los depredadores que se ocultan en la psique humana
y lo que más temen es ser descubiertos, además recalca que ellos urdieron un
plan para mantenernos esclavos ¡nos dieron su mente y con ella sus miedos!
También podrían ser energías de seres o personas que han habitado la Tierra y
han desencarnado, pero por alguna razón se niegan a abandonar este plano y
algunos necesitan energía para mantenerse cerca del plano Tierra, claro está que
esa energía se la proporcionamos nosotros.

Una experiencia con uno de estos seres la publiqué en el post "Nuevos avances"
Todo esto encaja con las sospechas que antes citaba al inicio del post.

Sé que no tiene lógica ninguna, pero tampoco la tiene el mundo que nos ha
tocado vivir.

Es posible que la Ps sea producto de un fallo en nuestro diseño que nos permita
ver a estas entidades y ver que hacen con nosotros, pero no somos capaces ni de
identificarlo, así como lo describo ni de admitirlo, son simples alucinaciones
según todos los expertos. ¿Usted qué piensa?

Me gustaría que por una sola vez en la vida, que alguno de estos expertos pudiera
experimentar la realidad de las personas que sufrimos la PS, quizás después no
mantengan esa opinión.

Hay esperanza

No quiero asustar a nadie, todo lo contrario, siempre he mantenido y sigo
haciéndolo que de la PS se puede salir.

Se debe de salir, por voluntad propia y con valentía, esas son las armas
principales de las que disponemos.

El ser humano, su mente, son increíbles y súper poderosas.

Hay un libro místico llamado el Kybalión que habla de las leyes universales y lo primero que dice es que "Todo es mente" que incluso la creación proviene de una gran mente y un estado mental.
Si lo pensamos detenidamente, todo lo que vemos en nuestro mundo y que haya realizado la mano del hombre, antes de materializarse tuvo que provenir de una idea, de un pensamiento, seguido de un deseo y finalmente una realización.
Repito todo lo que nos rodea.
Es posible que en la PS estemos en ese mundo de las ideas, en ese otro universo del que proceden las ideas y que está justo al lado nuestro, pero no lo percibimos como real.

Lo digo porque en estado de PS se puede crear de todo y es todo real.
Desde objetos, lugares, situaciones incluso hasta seres animados, tenemos el control de crear. Ahí es muy importante asumir la responsabilidad de qué es lo que estamos creando.
Hay personas que están muy metidos en el esoterismo que saben de lo que hablo. Es muy posible que todas las religiones y las creencias en este mundo tengan un efecto en el otro plano, no me cabe duda, solo tenemos que ver las masas que mueven aquí y deberíamos preguntarnos qué han aportado realmente y a lo largo de la historia estas creencias, si nos va a todos mejor en esta vida o no y si eso se lo debemos a nuestras creencias...
Pongo un ejemplo, el país más espiritual por excelencia es la India y sus creencias están consideradas, ahora, por mucha gente, como un buen modelo a seguir...
¿Es la India un ejemplo de sociedad libre, avanzada, igualitaria, justa y digna con **todos** sus habitantes? ¿Estas creencias han aportado evolución y progreso a la India como para que sea un modelo a seguir por el resto del mundo?
Podríamos hacer las mismas preguntas con cualquier religión y creo que el resultado sería similar.
Curiosamente las sociedades más avanzadas son las que han sabido distanciarse de las creencias religiosas. Los países nórdicos por ejemplo.

Volviendo al tema que nos ocupa en este post y a las entidades.
Su poder se basa en el miedo, si somos capaces de despojarnos de él estas entidades pierden ante nosotros. Así de sencillo.

Si somos capaces de enfrentarnos, por una vez a estos seres, con decisión y valentía de negarles su alimento, de hacernos respetar como seres con derechos en este universo.

Tenemos todo el derecho del universo a defendernos y es muy sencillo.

Ya lo dije en anteriores entradas, solo hay que pensar y desear.

En una situación de acecho o intromisión de alguna entidad debemos hacernos valer, siempre que seamos atacados o nos sintamos amenazados.

Debemos pensar y desear que desde nuestro cuerpo emanen las armas que nos servirán para tal acometido. Ahí dejo a libre elección de cada cual.

Cualquier arma que pensemos se materializará al instante y podremos usarla para defendernos, piense en lo que más fuerza y seguridad le dé.

Según Carlos Castaneda en sus libros de Don Juan Matús, el depredador lo que más teme es a ser descubierto, a que le quitemos el poder que nos está robando. Y esto es recuperar nuestro poder por medio de cambiar las tornas del miedo y así poder liberarnos. No hace falta ajusticiar a nadie, solo hay que demostrar de lo que somos capaces y descubrir nuestro verdadero poder como especie.

Las entidades menores son fáciles de ahuyentar, si hemos aprendido a movernos en el Astral y a utilizar nuestro cuerpo astral o sutil.

Basta un gesto con la mano para que desaparezcan. Hay algunas que son muy pesadas y que se aferran a nuestro cuerpo astral con fuerza, pero al final terminan marchándose.

Solo un diagnóstico acertado puede dar con la cura, y resultaría curioso que finalmente esto no tenga nada que ver con la medicina física y tradicional y se trate de una cura y liberalización del alma.

También conocidos como "el pueblo del sueño" Habitan en la selva más inhóspita de Malasia y al igual que Freud y Jung analizan los sueños, con la salvedad que lo hacen desde muchos siglos antes que nacieran los mencionados. La historia dice que el antropólogo británico Herbert Noone allá por 1930, explorando la isla se encontró con esta tribu y durante quince años estudio sus costumbres. Descubrió en ellos una forma de vida pacífica y feliz.

Los Senoi son, ante todo, vegetarianos, se alimentan de los frutos que recolectan, también practican la caza en muy poca medida y cultivan básicamente arroz y otras legumbres de la zona. Las tierras son muy fértiles y esto hace que puedan cumplir con sus cuotas de alimentación casi sin esfuerzo. No le dedican más de 2 horas por día al trabajo. Son por lo general monógamos pero aceptan igual la poligamia. Sus casas están hechas a base de cañas de bambú y de paja. Los Senoi son extraordinarios artistas creativos. Sus especialidades son las decoraciones con objetos de bambú y ratán.

Llama la atención a quienes estudian esta tribu, que no existe entre ellos la psicosis, ni la neurosis. La personalidad de sus habitantes es muy sana, no se advierten ni deseos de posesión, ni voluntad de dominación. La cooperación sustituye a la competencia. Pero lo que los hace realmente únicos es su trabajo con los sueños individuales y colectivos

En efecto, tanto la vida personal como la vida social están organizadas en torno a los sueños. Todo comienza durante el desayuno, cada miembro de la familia cuenta sus sueños, se discute sobre ellos y los mayores explican a los jóvenes cómo hubiesen debido actuar en sus sueños, luego los hombres se dirigen a tomar parte en la asamblea del poblado, en tal ocasión se discute acerca de los sueños más importantes de cada familia. Allí un chamán ayuda a interpretar los sueños o símbolos de cada familia y colabora en caso de algún desencuentro con otra, también para determinar las tareas del día que hacen al bien común de la tribu, (cualquier parecido al inconsciente colectivo de Jung, es pura casualidad). La teoría de los Senoi con respecto al mundo exterior y a los sueños, es que estos son los que le dan forma a lo primero y cuando las imágenes no están bien formadas o bien interpretadas, se generan conflictos con el mundo exterior trayendo como consecuencia desorganización mental y social. Ellos sostienen que durante el sueño el hombre es capaz de ver el mundo a través de su espíritu.

Cinco las técnicas que utilizan durante los sueños:

1.- Enfrentar los peligros y superarlos

Este es el principio básico del que se desprende todo el resto, nunca ponerse en víctima y menos aún consentirse en ese rol. Los dispositivos masoquistas de la personalidad encuentran su satisfacción en las múltiples pesadillas que aparecen una y otra vez. Los Senoi, por el contrario, tienen como principio enfrentar a toda imagen que los agreda en los sueños. Ejemplo: si un niño es perseguido por

un tigre o devorado por él, la orden será no volver a huir. La próxima vez deberá

afrontarlo y hacer el intento de domarlo o matarlo. Si no es capaz de lograrlo por

sí solo, pedirá ayuda a sus amigos. Para los Senoi matar a un enemigo en sueños

equivale a convertirlo en su sirviente o en su aliado. Si en otro sueño el niño se

ve perseguido por un perro, este podrá llamar en su ayuda al espíritu del tigre,

 para enfrentar el perro.

2.- Llegar hasta el fondo de lo placentero

Así como es preciso luchar contra el mal, tampoco hay que quedarse corto en

los sueños placenteros, ya sea se trate de volar por los aires, de relajarse en una

playa, tener un encuentro sexual, amoroso o místico. Por ejemplo, al volar por

los aires no hay que dejarse llevar pasivamente, sino que habrá que aprovechar la

ocasión para ir a explorar lo que se desea o para ir al encuentro de quien uno

quiera. Otro ejemplo: si se tiene alguna relación sexual en sueños, habrá que

llegar hasta el orgasmo,

3.- Convertir todo lo negativo en positivo

Por ejemplo, un sueño de caída desde un precipicio puede resultar desagradable

o terrorífico. El consejo del padre será que trate de convertir eso en un vuelo por

los aires. Un llamado inquietante en sueños, habrá de transformarse en un

estímulo. Si durante el sueño hemos agredido a alguien, en lugar de destruir esa

imagen resulta preferible enfrentarla para neutralizarla y transformarla

convirtiéndola en un bien.

4.- Reparar durante el día los daños y las ofensas ocurridos durante el sueño

Volviendo al ejemplo anterior, si durante el sueño a tenido un sueño hostil con algún amigo o enemigo el Senoi irá a decírselo, o al menos se lo comunicará por intermedio de sus padres, de tal manera que este pueda manifestarle su buena voluntad. También reparará simbólicamente su agresión mediante algún obsequio y a partir de ese momento guardara distancia durante algún tiempo hasta que todo sea más claro. La cooperación llega a tal punto entre los Senoi que el no acudir en ayuda en una ensoñación, equivale a un acto de hostilidad.

También puede ocurrir, si un soñador ha visto a un miembro del poblado en situación dificultosa, por ejemplo atacado por un tigre, no dejará de ir a advertírselo y recibirá en recompensa un obsequio por su actitud. Por consiguiente, así como el mal sueño debe ser objeto de reparación en la realidad diurna, también ha de poder servir para mejorar una falta cometida durante el día.

5.- Encontrar consejeros y guías en los sueños

Este es el punto más discutible. Los Senoi sostienen que cada persona puede y debe llegar a ser su mismo maestro en el mundo terrenal y espiritual o universo de sus sueños. Saben que solos no pueden. Para ello deben encontrar a un guía que será una especie de consejero a lo largo de sus vidas

Resumiendo, podemos ver entonces como por medio de los sueños los Senoi desarrollaron un sistema social de cooperación y buena voluntad en donde todos se ven beneficiados, libres de neurosis y psicosis

Artículo fuente: http://www.mariajuliaolivan.com.ar/2015/05/17/otro-mundo-es-posible-segun-los-senoi/

Las líneas de las manos como portales al astral

Hoy tratamos una aportación de nuestro amigo A.P.A. que muy amablemente quiere compartir con todos nosotros.
Os dejo la aportación tal y como me la envía, al final de la misma haré una breve valoración de lo expuesto, espero que sea de vuestro interés:
Relato de A.P.A.

Hace3 años dibuje en mi pared unos símbolos, eran figuras de las líneas de mis manos, las que más me llamaban la atención, mezclado con una matriz con colores (los que encontré) envueltas en un tipo de figura, mi intención era comprobar si uno ve claramente las cosas en estos estados, y si Llegase a verlas, me indicaría que veo con los ojos cerrados, o quizás una proyección de las cosas, aún no he entendido, si lo que ve uno es en realidad tu habitación, una mezcla de ver y no ver, bueno la idea que en una ps, si pudiese ver este símbolo en ella me llevaría a un lugar, como un portal, y me dio resultado, fue una vez, justamente en la noche después de hacer el dibujo, comprobé en ese entonces en mi entender que pudiésemos ver con los ojos cerrados y a oscuras, ver este símbolo alcé las manos conectando con mis símbolos de la mano izquierda correspondiente y derecha fijando mi atención al centro, pero de inmediato me levantó de la cama era un tipo de imán, me sentí asustado, ya que fue muy de golpe esto, y trate de salir, tal el punto de cambiar mi cama a otra parte para no mirar ese símbolo.

Tres figuras, las dos sin color son dibujos de mis líneas de las manos, (siempre me pasaba mirando las manos desde niño, incluso en las ps, creo que hay algo especial en ellas)
La figura de al centro son mezclas de las dos figuras, encerradas en una figura.

Hay cosas aunque parezcan ridículas hacen sentido, que solo estaría en tu sentir o entender, para mí esto tenía un significado, que era un portal hacia el astral, solo llegue a la mental, que por miedo no pude llegar más, ya que era de noche y todo rápido, a veces me ponía a pensar si ese portal (para mí) también era portal para otros, cosa que menos quise hacer, ya que soy más menos susceptible a esto, hay veces que me da miedo, pero lo que hice dio resultado, quizás si no tenga esa limitación pudiese comprobar que cosa más habría allí.
Lo de estos símbolos fue por quizás creencias, cosa que tampoco cabría bien ya que condicionas la mente, como por ejemplo estos tipos de pentagramas, que solo de internet quería saber que significaban, pero hay algo de efectivo en esto, no del pentagrama o las figuras de las manos si no el sentir. O quizás si hay algo relacionado pero en conclusión resultó.

Un fraternal saludo estimado

Valoración y opinión

En primer lugar quiero agradecer a nuestro amigo A.P.A. que haya querido compartir con todos nosotros su experiencia. Agradezco su valentía, generosidad y su sinceridad. Nos aporta conocimiento acerca de este escurridizo y complicado tema que nos ocupa y arroja luz a este mundo de la PS y los estados alterados de conciencia.
Creo que todos salimos ganando, avanzamos y crecemos un poco más con cada experiencia, hay que intentar sacar siempre lo positivo y entre todos, con paciencia adquirir más información de casos reales que nos aporten conocimiento, que pueda servir de ayuda al aportar nuestro granito de arena. Invito desde aquí a todo aquel que considere que tiene experiencias de este tipo se anime a compartirlas con todos, solo así podremos contrastar situaciones y buscar los puntos comunes, para dar con una posible solución o explicación a este complejo fenómeno.

La intuición de A.P.A. le llevó a crear unos dibujos de las líneas de sus manos. Estas líneas le llamaban la atención desde bien pequeño e intuía que había algo en ellas.
Por intuición se decidió a plasmar lo que veía en unos dibujos.
Tres en concreto:
- Uno para la mano derecha
- Otro para la mano izquierda
- Un tercero para hacer una representación gráfica en 3D de la suma de ambas manos
Lo hizo para comprobar si podía verlos en la oscuridad de su habitación y dentro de un episodio de Parálisis del Sueño.
Como he comentado en anteriores entradas, la percepción de los cinco sentidos que tenemos en un estado alterado de conciencia se amplían enormemente.
Podemos ver en la oscuridad, sentir, oler, oír mucho más que en un estado de vigilia.
A.P.A. pudo comprobarlo ya que pudo ver el dibujo que hizo enfrente de su cama estando dormido y con los ojos cerrados.
Pero eso no fue lo más llamativo, lo más importante y a mi modo de ver, fue la conexión que se estableció entre el dibujo simbólico de las líneas de sus manos al querer conectar sus manos astrales con las del dibujo.
¡Ahí ocurrió algo espectacular! Su cuerpo se elevó súbitamente y se dirigía hacia la figura central, que sería como una especie de portal al astral!!

En este punto quisiera decir que es muy lógico que A.P.A. se asustara, por experiencia propia sé de lo que él está hablando y es todo muy repentino, todo acontece de manera súbita y apenas te da tiempo a reaccionar.

También quiero decir que cuando a mí me ocurrió tuve la experiencia más maravillosa e increíble de todas las que me han ocurrido en mi vida onírica. Pero cada uno debe de llevar su propio ritmo y solo aventurarse cuando tiene la certeza de que nada malo va a ocurrirnos. ¿Cómo lo podemos saber? Yo lo hice utilizando mi intuición, observando la situación y superando el miedo, no sé si con valentía o con estupidez, ambos términos serían correctos. Pero debemos observar la situación con serenidad y dejar que nuestro instinto nos diga si la puerta que tenemos frente a nosotros es de naturaleza benévola o si no lo es. En mi caso sí fue buena, también tuve una advertencia previa que me dijo que me tranquilizara y que me relajara, no sé si fue mi propio subconsciente que sabía lo que iba a suceder y me tranquilizó y solo así pude atravesar el portal.

Simbología y ritual

Sin proponérselo nuestro amigo A.P.A. creó un portal dimensional.

En la antigua alquimia se decía que la piedra filosofal era la propia mente humana que con el trabajo interior y el esfuerzo y la constancia debíamos de trasmutar. La piedra filosofal trasmutaba el plomo en oro.

Pero puede que esto solo sea una metáfora y que aquí cobre otro significado. El plomo, en este caso serían el cuerpo y la mente física humana tal y como los conocemos. La piedra filosofal sería todo el trabajo interno que llevaría a trasmutar nuestro cuerpo físico a nuestro cuerpo astral mediante la salida consciente del cuerpo y posteriormente acceder al astral (oro)

Es como trascender el cuerpo con plena consciencia de ello. Acceder a otros planos para ver la otra realidad o para recibir los mensajes que se nos den.

Sin quererlo A.P.A. realizó un pequeño ritual al dibujar los símbolos de las líneas de sus manos y la figura geométrica del centro.

Este ritual funcionó ya que le trasportó a un estado alterado de conciencia y una puerta al astral.

En nuestro caso tiene que ver con las líneas de las manos como pasaporte al astral, quisiera poner algunos ejemplos de la importancia que tienen la posición de las manos en algunas culturas y religiones, para que sirva de ejemplo en el caso que nos ocupa:

Saludo Hindú Namaste, se realiza con las palmas de las manos unidas y pegadas al pecho, en el chakra corazón. Namaste significa: "Reconozco tu luz interior" y se emplea tanto para saludar o despedirse de alguien como para dar las gracias

Creo que las manos juegan un papel importante en la espiritualidad humana como hemos podido comprobar.
Además podría ser nuestro pasaporte al astral y esto lo voy a intentar desarrollar en el siguiente apartado de los rituales

Los Rituales

No cabe duda de que en este mundo todo lo que nos rodea son rituales y simbolismos.
No tenemos ni idea de qué hacen estos rituales en otros planos ni de cómo se desarrollan. Solo sabemos que en todas las religiones abundan por doquier.
En el caso de nuestro amigo A.P.A. realizó un ritual al dibujar frente a su cama los dibujos que antes hemos visto y nos comenta que esa noche le funcionó.
Esto y es mi opinión, creo que tiene mucho que ver con el ritual de dibujar con un objetivo claro de comprobar posteriormente si podría ver los mismos dibujos en un estado alterado de conciencia y efectivamente así fue.
¿Qué quiero decir con esto?
Pues que el ritual es una preparación a algo que queremos que suceda y ponemos nuestro empeño y energía en ello.
Es como si programáramos a nuestro subconsciente para realizar algún tipo de tarea, en este caso la salida del cuerpo en una experiencia extra-corpórea.
Creo que se puede programar el subconsciente si le ponemos la intención debida y realizamos alguna actividad que requiera de nuestra energía en ello, en este caso dibujar los símbolos.
Los propios símbolos y el intento de conexión con ellos fueros los que provocaron la salida súbita del cuerpo y propiciaron la puerta astral.
Resumiendo un poco, pienso que se pueden abrir portales y la fórmula sería la siguiente:

1.   -   - Intencionalidad de ello
2.   -   - Representación simbólica
3.   -   - Dar al símbolo nuestra energía o poder para que éste realice el trabajo de apertura del   portal. En realidad somos nosotros mismos quienes abrimos el portal, pero lo hacemos otorgando ese poder al símbolo para que lo haga indirectamente por nosotros.

Creo que es así como funciona, al igual que muchas medicinas alternativas que es el paciente quien le da al sanador o terapeuta su poder o confianza para que él se la devuelva en forma de sanación. Lo que sucede es que estamos acostumbrados a entregar nuestro poder a otros, cuando en realidad somos nosotros mismos los que sanamos.

Conclusiones y anécdota

Lo más curioso de este caso es que como investigador he querido probar el símbolo que me envió nuestro amigo A.P.A. en mí mismo.
Os he de confesar que me ha funcionado y he tenido una proyección extracorpórea al dormir después de colocar la imagen en el cabecero de mi cama.
Creo que ha sido gracias a que siempre he creído la historia que nos cuenta nuestro amigo y que al colocar la imagen encima de mi cama también he realizado un pequeño ritual con este acto, con la intención de comprobar si funcionaba le estaba dando el poder y la energía necesarios y el resto es programación a nivel subconsciente, que curiosamente ha hecho posible la experiencia.
Será una locura, no se lo niego, pero a mí me ha funcionado.
Por favor, si usted que está leyendo este libro, lo intenta y le funciona o tiene un sueño lúcido o un sueño especialmente vívido háganos saber, estaremos muy agradecidos.

Cada vez que salgo al Astral la relación y la comunicación con el entorno parece funcionar de manera diferente a la que usamos en nuestra realidad cotidiana.
Los escenarios, los personajes, las situaciones parecen ser mucho más inestables que en nuestra realidad.
Es como si todo estuviera sobre una nube de pensamientos todavía por concretarse y a medida que avanzas en ese pensamiento se concreta, toma forma y se asienta.
Nuestro lenguaje corriente parece no funcionar en este estado, si decido usar la comunicación oral me veo con dificultades a la hora de expresarme y así lo puedo percibir, las palabras no funcionan correctamente, les cuesta salir de la boca, me cuesta mucho articular una frase con sentido y que ésta sea comprendida. Parece ser que la comunicación funciona de otra forma diferente a la que estamos habituados.
Es muy curioso cómo he recibido algunos mensajes en estas circunstancias.
Ha sido de manera casi instantánea, sin apenas esfuerzo y todo de una sola vez, en una especie de gran bocado de información, que asimilas al momento.
Para este modo de comunicación me gusta el término **"Semillas de información"**.

No hay que hacer nada en especial, no requiere de ninguna preparación previa, solo tienes que estar atento a lo que sucede delante de ti y prestar atención. Las semillas emanan de todas partes, sobre todo de las criaturas y personajes que se te presentan en el Astral.
Tu mente debe estar vacía de prejuicios, no debes juzgar por las apariencias, si tienes frente a ti un personaje desagraciado en lo físico no lo juzgues por su aspecto. Déjalo comunicarse desde su interior, estate atento a lo que tiene que decirte y eso lo logras mirándolo a los ojos y preguntando mentalmente, solo desde la mente podremos comunicarnos con estos seres. Y solo desde su mente podrán expresarnos sus verdaderos mensajes.

¡Repito el lenguaje oral no funciona! Cada vez que lo he intentado ha sido un verdadero despropósito, un galimatías sin sentido, tanto a la hora de expresarme yo con ellos y viceversa, no entiendo nada de lo que me quieren comunicar cuando es de manera oral!

Lo bueno que tienen estas semillas es que, a posteriori, crecen y se desarrollan en nuestra mente. Los conceptos se amplían a medida que pensamos en ellos y toman mayor forma y mejor significado.

Pongo un ejemplo:
Hace unos días tuve una proyección mental, decidí salir afuera de mi casa y en las inmediaciones encontré a una mujer que parece ser tenía problemas con su motocicleta, no podía arrancarla, ésta se le había caído encima y se había hecho daño en una pierna.
Toda esta información la recibí solo con mirarla a la cara, sin mediar palabra con ella.
De la misma manera le ofrecí ayuda, sin mediar palabra, sin un solo gesto, todo fue mental, desde lo más profundo de nosotros mismos y desde la sinceridad, sin filtro alguno la comunicación es posible.
Esto me da mucho que pensar acerca del modo que tenemos de comunicarnos los unos con los otros.

En nuestra realidad existe el lenguaje oral, el escrito, el simbólico, una gran variedad de lenguajes para expresar nuestras ideas.
Pero ninguno de ellos es tan preciso como el **lenguaje de la conciencia**, donde se entremezclan las ideas con las emociones permanentemente y donde no existe la posibilidad de engaño ya que lo que sientes es lo que trasmites. Es mucho más auténtico y sale desde el corazón.

Todo lo que recibes es la esencia pura de un sentimiento o una idea, sin adulterar, sin filtros que puedan distorsionarla o hacer que se malinterprete. En este lenguaje funciona perfectamente la intuición, la primera impresión que recibes suele ser la más acertada.
Lo curioso es que no he tenido que aprender nada para hablar este lenguaje, es como si fuera universal y todas las criaturas lo pudieran entender y hablar, es innato en todos los seres vivos o pre-vivos.

Cuando viajemos por el Astral debemos tener en cuenta todo esto que acabo de exponer, es muy sencillo **solo hay que escuchar**, poniendo atención e interés y **responder desde el corazón** sin mediar palabra, nuestra mente emitirá una semilla de información entendible para todos, esa semilla será pura y expresará y llevará consigo nuestra propia esencia.
Ojalá tuviéramos en este plano una forma de comunicación similar, creo que muchísimas cosas malas cambiarían al desterrar la mentira y el engaño

El 2016 me ha dejado una grata noticia antes de irse la cual me gustaría compartir con todos vosotros.

Ahora puedo decir, sin ningún tipo de duda, que lo que denominamos "El Astral" es tan real como esta propia dimensión en la que estamos inmersos y que además de eso nos conecta unos con otros.

Nuestro mundo está conectado a ese "otro mundo onírico" y al que ignoramos sistemáticamente por desconocimiento o por prepotencia, siempre ha sido desacreditado y menospreciado por todos los estamentos científicos al no poder mesurarlo y meterlo en una probeta.

No se trata de una cuestión de fe, no hace falta, las pruebas se nos presentan de otra manera que no es global ni reproducible en un laboratorio, si no que estas pruebas son mucho más contundentes ya que son personales e intransferibles.

Experiencia 29/12/2016

En esta ocasión no tuve una salida voluntaria del cuerpo, fue un sueño lúcido. En este sueño me encontraba yo en la casa antigua de mis padres con mi hermano pequeño.

En cierto momento del sueño aparecieron dos personas que eran dos vecinos y amigos de mi infancia, éramos muy buenos amigos además de vecinos.

Ellos vivían en el piso justo enfrente del nuestro y nos conocíamos desde siempre y tanto su familia como la mía teníamos una buena relación de amistad.

Por circunstancias de la vida esta familia tuvo que marcharse de Barcelona y trasladarse a un pueblecito de la provincia de Cuenca, de donde eran oriundos los padres.

Esto sucedió en el año 1982, cuando yo contaba apenas 11 años de edad, hace 34 años

En mi sueño lúcido me alegré mucho de volver a ver a mi amigo "R" y le pregunté qué tal estaba y cuál era su situación.

Me contestó que estaba bien, que había estado en una empresa trabajando, me dijo el nombre pero no pude retenerlo (en un estado de conciencia alterado es sumamente difícil retener datos concretos de nombres y detalles ya que solo retenemos lo que va acompañado de una emoción)

En el sueño aparecían también su hermana pequeña y mi hermano pequeño, pero éstos estaban en un segundo plano y apenas interactué con ellos.

Pude ver a mi amigo con la apariencia que podría tener hoy en día y no con la apariencia que recuerdo de él, que era la de un chaval de 11 años.

Estuvimos hablando un rato corto y al poco desperté y estuve pensativo sobre el hecho durante todo el día.

De hecho recordé que hubo una situación en la que yo no me comporté con él bien, cosas de niños, pero ese pensamiento vino a mi cabeza y me sentí mal conmigo mismo por haber actuado mal con mi amigo.

Era algo que estaba dormido en mi mente y de repente surgió y me hizo sentir fatal, reconozco que actué mal por envidia, tuve una mala acción con mi amigo y al poco tiempo se marcharon él y su familia.

Pasó el tiempo y eso quedó olvidado pero solo en apariencia, hay heridas que permanecen en nuestro subconsciente por años y es posible que nunca más vuelvan a surgir, pero en otras ocasiones sí lo hacen y lo mejor es afrontarlas desde el corazón.

Esa misma noche, después del sueño, hice algo que nunca había hecho y tenía pendiente con mi amigo y fue mirando a las estrellas desde el patio de mi casa pedirle perdón a él y a su familia por mi mal comportamiento.

30/12/2016

Tengo que decir que desde que se marcharon en 1982 a Cuenca no he vuelto a tener contacto directo con mi amigo, mi madre ha hablado con la madre de mi amigo en algunas ocasiones y así pude saber algo de ellos, pero un contacto directo con él no lo he tenido en 34 años desde su partida.

Hoy a eso de las 10:00 de la mañana recibo un mensaje en el móvil.

Es del Facebook y es una solicitud de amistad, ¿adivinan de quién?

Es mi amigo "R", que me solicita una amistad por el Facebook!!!

¡34 años después, sin haber tenido contacto alguno en todo ese tiempo!

Charlamos un rato por el Messenger y me comentó que estaba bien, que se alegraba de volver a saber de mí y nos pusimos un poco al día.

No podía creérmelo, mi sueño lúcido había sido real y de alguna manera nos puso en contacto después de tantos años.

El sueño lúcido me anticipó un acontecimiento de reencuentro con un viejo amigo que hacía mucho tiempo que no veía y apenas sabía de su vida.

Había saldado una cuenta que tenía pendiente desde hacía muchos años y en el momento de hacer lo correcto sanó una vieja herida del alma.

Era genial, también era una prueba de que en los sueños lúcidos nos podemos comunicar y es totalmente real. Mi amigo sintió algo que le empujó a buscarme por la red y a mandarme una solicitud de amistad, no sé qué es lo que le empujó

a él a hacerlo, pero a mí sin duda alguna fue el sueño lúcido y su mensaje desde
el Astral.
No cabe duda de que todos estemos conectados y no importa ni el tiempo ni el
lugar dónde nos encontremos, en el Astral no hay tiempo ni lugar.
Se pueden hacer innumerables cosas que nos pueden servir de ayuda en nuestras
vidas y este hecho así me lo demuestra y quiero compartir con todos vosotros.

Conclusiones

La experiencia que he tenido con mi amigo "R" ha sido determinante como
prueba de que hay algo aquí mismo que interactúa con nosotros y a lo que no
prestamos la atención debida, dado su complejidad y aleatoriedad.

Las experiencias suceden de manera esporádica y no siempre que uno lo busca,
aunque eso no les resta importancia o trascendencia.
Creo, sinceramente, que se trata de profundizar más en buscarlas y practicar con
más asiduidad, la mente es tremendamente compleja pero cuando practicas con
las técnicas que he descrito a lo largo de este libro o de otras técnicas puedes
obtener resultados.
Lo he dicho antes y repito que no es una cuestión de fe, si no que se trata de
práctica y disciplina, un verdadero entrenamiento para el cerebro e ir asimilando
como naturales estos estados alterados que todos tenemos cuando soñamos.

Desde hace algún tiempo vengo notando cierta evolución tanto en mis salidas
voluntarias del cuerpo así como en mis sueños.
Sueño muchas veces con familiares que se encuentran lejos y con los que he
tenido algún tipo de conflicto o diferencias.
En los sueños, me da la impresión, de que se realizan los ajustes con estos
familiares y que de alguna manera se intercambian las distintas opiniones y
puntos de vista. Que nos ayudan a superar estas heridas o discrepancias.
Creo que en sueños hacemos muchas cosas y somos totalmente inconscientes de
ello.
Pero en mi caso esta percepción se está ampliando y empiezo a ser más
consciente de todo lo que voy haciendo en mis sueños ya que los recuerdo
con más facilidad y me da la impresión de estar realizando una tarea que debo
cumplir con algunos de mis familiares.
También me sucede que, a veces, contacto, con familiares que ya no están entre
nosotros y esto es muy curioso.

Porque resulta que veo a mi abuela, que falleció en el 2001, y cada vez que sueño con ella me da mucha alegría volver a verla.

En las primeras veces que la vi su aspecto era muy similar al que tenía poco antes de marcharse, una mujer mayor de 92 años de edad.

Pero a medida que trascurría el tiempo su aspecto iba siendo más enérgico y vital y hasta más joven.

Hasta hace poco que volví a soñar con ella y si ella no me dice quién es no la reconozco. Vi a una mujer de unos 40-45 años de edad, con el pelo castaño claro, tirando a rojizo y no la reconocía en absoluto hasta que ella me dijo quién era.

Más tarde y a través de una de mis tías más mayores, le pregunté que si la abuela tenía el pelo de ese color y ella me contestó que efectivamente, ese era su color.

Ya que yo solamente la había conocido con el pelo cano.

Mi abuela fue una gran mujer, muy buena persona, prudente, muy sensata e inteligente y tenía un gran corazón y una gran paciencia.

Merecía sin duda alguna el cielo que bien se lo había ganado.

Por otro lado y como contraparte está el caso de mi abuelo, que murió 13 años antes que mi abuela en el año 1988.

No fue tan buena persona como lo fue ella, fue una persona egoísta y de un carácter muy complicado y con malas maneras hacia los demás.

Quizás sea por ese motivo que a mi abuelo no le he visto evolucionar ni rejuvenecerse ni adquirir vitalidad en el "otro lado". Siempre lo veo con el mismo aspecto que tenía al marcharse.

Esto me hace reflexionar.

En resumen, creo que el otro lado está aquí mismo, pero en otra vibración que no podemos percibir con nuestros sentidos, salvo cuando estamos en estados alterados de conciencia y en el Astral.

Y eso lo podemos conseguir con práctica, más práctica y más práctica

El conocimiento está en los libros, pero el verdadero conocimiento se adquiere con las experiencias, le animo a buscar las suyas.

Creo que para que una investigación sea lo más cercana a la realidad debe de contar con muchas muestras de testimonios que le den validez y solidez.

Como ya sabéis, sufro estados alterados de conciencia desde que era un niño, desde los tres o cuatro años. Y que éstos nunca me han abandonado.

No considero que sea una rareza en el género humano, sino más bien lo contario.

Muchos niños de corta edad los padecen (Terrores nocturnos) y no es otra cosa que los estados alterados de conciencia que yo he padecido desde siempre hasta el día de hoy.

Lo extraño es que, en mi caso, no se hayan diluido con la edad. Es como si hubiera conservado esa habilidad de conectar con otras realidades en el tiempo y que haya perfeccionado la recepción

Normalmente los terrores nocturnos desaparecen con la edad, a medida que los niños van asimilando la sociedad, la cultura, pierden esta cualidad.

Si usted quiere acercarse a estos reinos alternativos, tendrá que volver a ser un niño. Limpiar su canal receptor de tantos años de programación obstructiva en este mundo físico. Tendrá que volver a creer en la magia y también en los monstruos a los que tendrá que enfrentarse y derrotar.

El camino del despertar de la conciencia es esto, no es un camino lleno de colores y de seres angelicales que cantan alegremente en los cielos, no se engañe. Como es arriba es abajo.

Pero recuerden que como se desarrolla abajo se desarrolla arriba.

Solo ustedes tienen la clave para desarrollarse, estoy convencido que muchos de ustedes que están leyendo estas líneas tienen la capacidad innata y quizás un poco olvidada de cómo hacerlo.

Ahora tienen herramientas para despertar la conciencia y la más importante es la voluntad, seguido de los conocimientos y el valor.

Hay quienes se consideran guerreros de la luz, en luchas imaginarias contra los siervos de la oscuridad, en lides que solo ocurren en sus mentes y lo peor no es eso sino que alistan a su ejército, imaginario, cientos de reclutas que también se consideran a sí mismos guerreros de la luz...

El verdadero guerrero es aquel que se enfrenta a sus propios monstruos en un terreno que le es hostil, en otra dimensión, donde no se tiene la preparación adecuada y todo se tiene que improvisar. Allí donde se puede caer derrotado una y mil veces hasta que de su propia alma surge el espíritu de lucha y ya no conocerá más que la victoria.

Abran los ojos, los ojos del alma y comprueben por sí mismos la inmensidad de las realidades paralelas y quienes las habitan.

Solo así podremos avanzar y evolucionar como especie, cuando seamos capaces de descubrir la verdad que nos negamos a mirar directamente a la cara, por cobardía y falta de responsabilidad.

Y yo me pongo el primero

Hoy quisiera hablaros de nuestros miedos más profundos, aquellos a los que jamás pensamos que podamos reunir el valor suficiente como para hacerles frente.
Aquellas pesadillas que nos persiguen desde la infancia y que de vez en cuando aparecen de nuevo para recordarnos nuestras "tareas pendientes"

Muchas de las personas que padecemos la PS tenemos un miedo atávico a algo en particular.
Hay personas que odian las arañas o a los insectos en general, hay otras que se horrorizan frente a una serpiente, hay quien teme a los pájaros a los perros, hay incluso quien no soporta a los gatos etc.

Todos estos miedos o fobias tienen una raíz psicológica común.
En algún momento en la vida de estas personas han tenido alguna experiencia que les provocó esta animadversión.

Pudo ser en esta vida o también en alguna vida pasada, no descarto la posibilidad.
Lo digo porque al animal que más temía era uno que jamás me he encontrado frente a frente con él y es posible que si le tenía pánico pudiera ser porque ya lo traje conmigo antes de esta vida.

Me refiero a que hasta hace bien poco tenía un miedo atávico a los grandes felinos, en concreto al León.

No sé exactamente por qué el hecho de soñar con estas criaturas tan majestuosas me producía una sensación de tener que huir y resguarecerme para así salvar mi vida.
Me sentía perseguido y acosado por un grupo de leonas y leones que lo que pretendían era darme caza.

Este tipo de sueño, con leones, me ha estado persiguiendo durante toda la vida.
Es verdaderamente angustioso y siempre buscaba un árbol o un lugar lo suficientemente alto para poder escapar de este acoso.
La verdad me levantaba angustiado cada vez que soñaba con leones, pasaba siempre malos ratos y mucha ansiedad cada vez que se les ocurría aparecer en mis sueños.

Supongo que lo mismo les pasa a muchas personas, cada una con sus miedos en particular, como antes he relatado.

Lo bueno de escribir este libro es, entre muchas cosas, el que me ha hecho ponerme en marcha y buscar mucha información.
Con toda esta información con la que me he ido topando me ha permitido ir entendiendo mejor todo lo que nos sucede en estos estados alterados de conciencia.

Hay un post que escribí hace un tiempo que hablaba del pueblo que, posiblemente, sepan más acerca de los sueños que nadie, es el pueblo Malayo de los Senoi.
Leí atentamente su historia y pude establecer ciertos analogismos entre lo que ellos relataban respecto a sus sueños y mis vivencias.
Intenté seguir sus consejos acerca de cómo actuar en caso de sentirse amenazado por alguien o algún animal.
Este consejo no era otro que el de hacerle frente, de desafiarlo y finalmente de luchar con él.

Finales de Enero 2017

He esperado algún tiempo para escribir este post, no por falta de ganas sino porque quería comprobar el resultado y las consecuencias de mi experiencia.
Como he dicho antes, siempre que soñaba con grandes felinos mi único objetivo era la huida, así una y otra vez.

Desde que leí la historia de los Senoi algo cambió en mi percepción, algo diferente se había instalado en mi subconsciente, algo que nunca antes se me hubiera pasado por la cabeza y no era otra cosa que hacerle frente a estos felinos con mis propias manos.
Estaba yo, como de costumbre, en un sueño relativamente tranquilo cuando y como por arte de magia aparecieron varios tigres con no muy buenas intenciones.
Como de costumbre me alteré y como siempre comencé la huida, buscaba un árbol al que pudiese trepar para librarme del hostigamiento de las fieras.
Logré subir por uno que encontré y me encaramé hasta lo más alto que pude.
Era un árbol alto pero con el tronco demasiado fino, tan fino que el tigre, desde abajo, empezó a zarandearlo de un lado a otro.

Yo me encontré en ese momento totalmente perdido, sabía que el animal con su fuerza lograría partir el escuálido arbolito al que me había subido.

Pero en ese momento sucedió algo que jamás antes había pasado.
Sin saber ni cómo ni por qué me giré, miré al tigre a la cara, que era de muy
pocos amigos y me abalancé con toda mi furia hacia él.
Con la intención de tener más que palabras, estaba decidido a pelear con el tigre
con todas mis fuerzas.

No puedo decir qué fue exactamente lo que me empujó a tomar tan estúpida
decisión, quizás fue que simplemente me dejé llevar por mi instinto, o mi
intuición.
Hubo algo que surgió de mi interior que me empujó, sin pensar, a enfrentarme a
esa bestia
Pero algo pasó en ese preciso momento, justo cuando estaba a punto de
alcanzarlo, el tigre y como por arte mágico desapareció por completo.
No me hizo falta luchar, el animal se desvaneció frente a mí.
Estaba dispuesto a partirle la cara, sin duda alguna, por tantas veces que me
habían hostigado él y sus primos los leones, pero no fue necesario.

Solamente con la intención de dar la batalla y si ésta es desde lo más profundo y
con todo nuestro convencimiento de darla ¡el enemigo se diluye y desaparece!
¡Si lo hubiese sabido antes! ¡Cuántas noches de angustia me hubiera ahorrado!
Esa noche cambió algo en mí, que me hizo valiente, que me permitió afrontar el
peligro no como siempre lo había hecho, que era huyendo, sino que se cambiaron
las tornas y me quedé con una sensación de alivio y de una enorme victoria,
sobre todo después de tantísimas derrotas.

Pero ahí no quedó la cosa, aún sucedió algo que me dejó más perplejo si cabe
todavía…
Una vez que desapareció el tigre y sin apenas pasar unos instantes me vi de
repente al lado de un inmenso León, era enorme, mucho más que el mayor de los
leones que pueda haber visto en toda mi vida.

La verdad es que era extremadamente grande y con una imponente melena, el
pelo era largo y muy suave al tacto, era el gran guardián y ¡era mi mejor amigo!
Eso lo sentí, tal y como lo relato, nada más verlo. Y yo estaba a su lado frotando
mi cabeza con la suya en señal de amistad, de una gran y profunda y lejana
amistad olvidada.
No entendía lo que estaba pasando… Yo con un enorme León a mi lado
Acariciando su enorme melena, mi cabeza junto a la suya y sintiendo un amor
que emanaba desde lo más profundo de mi ser por haber reconocido a un viejo y
gran amigo.

Era como si fuéramos dos hermanos que se reencuentran desde hacía mucho, mucho tiempo.
Sentí una gran alegría de volver a ver a mi amigo, mi hermano, una alma gemela, de reconocerlo de recordar quien era, de recordarme en una pequeñísima porción quien podría ser yo.

Solo he tenido una sensación en la vida que pudiera asemejarse a lo que me sucedió con mi amigo el León y fue al conocer a la que es hoy mi esposa. En ambas ocasiones fue como un reencuentro de dos almas que se reconocen, que por un momento salen del olvido al que, en mi caso, me vi obligado a pagar por estar en este cuerpo, al igual que todos ustedes.

En el caso de mi amigo León era una sensación de alegría, de paz inmensa, de amor puro por alguien que te alegras muchísimo de volver a ver.
Al poco desperté con una sensación de paz, alegría y perplejidad que aún me dura al recordarlo.

Conclusiones

Todos tenemos algo que tememos por encima de lo demás.

Todos tenemos un temor irracional o no, al que debemos buscar el valor de hacer frente y encontrar el momento para ello.
Todos nuestros temores se diluyen al enfrentarlos con decisión.
Tenemos un inmenso poder del que no sabemos apenas nada.
Creemos que somos una gota en el océano y que apenas valemos nada.
Todo lo que creemos y pensamos, en gran medida, nos lo han impuesto.
Somos capaces de obrar milagros, pero nos lo niegan una y otra vez.
Somos mucho más de lo que siempre nos han contado.

Tenemos una fuerza descomunal, pero no deben buscarla afuera.

Busquen dentro de ustedes esa fuerza.

Marzo, Abril y Mayo 2017:

Estos tres meses han sido de evolución, aunque en un principio, yo no lo haya entendido así.

Me explico: Hace algún tiempo que en mis experimentos con la conciencia no lograba llegar a las vibraciones, estas si se daban eran muy débiles y difusas, apenas las percibía.

Por lo tanto no podía salir del cuerpo como habitualmente lo venía haciendo hasta entonces.

Eso me preocupó, pensé que mi cualidad viajera se estaba agotando y que finalmente la perdería y eso pondría fin a mi investigación.

También he sufrido un par de ataques muy violentos por entidades oscuras que pretendían drenar mi energía. Obviamente luché con ambas, no con poco esfuerzo y sufrimiento me logré zafar de las dos.

No pretendo asustar a nadie, pero considero oportuno advertir de lo que nos podemos encontrar "ahí fuera" Además de ser honesto conmigo mismo y no faltar a la verdad de mi conciencia.

Si pretenden salir ahí fuera, sepan, que podrán toparse con alguna de estas entidades, se corre ese riesgo.

Pero y afortunadamente no todo es oscuro en el Astral y estas entidades solo aparecen muy de vez en cuando.

Lo he dicho muchas veces y lo seguiré diciendo: ¡Tenemos la obligación de defendernos!

Con manos, pies, dientes, uñas y todo lo que tengamos a nuestro alcance debemos de librarnos de estas criaturas, que no son otra cosa que parásitos del alma, conciencia, cuerpo energético, emocional, astral o etérico, se le ha llamado de mil maneras puede usted quedarse con la que prefiera.

En mis últimas experiencias las he agarrado con mis propias manos (las astrales) y haciendo mucha fuerza con ellas estas entidades explotan como una bolsa de plástico rellena de aire.

En concreto las tenía agarradas a mis costados, eran dos, una a cada lado y notaba como me absorbían toda mi energía, me producían un gran dolor allí donde estaban aferradas en mi cuerpo. Me costó mucho moverme y alcanzarlas con las manos, una fuerza me inmovilizaba (la famosa PS), pero como muchos de ustedes ya saben nos podemos mover aun estando en ese estado de parálisis y así pude alcanzarlas y explotarlas.

Esto me ha dado que pensar acerca de qué es lo que realmente ocurre ahí fuera, en el bajo Astral y por qué estamos donde estamos sin apenas avanzar.

Lo que a continuación voy a explicar es una **teoría** basada en mis propias y recientes experiencias, usted podrá tomarla o desecharla libremente.

Como he dicho antes, no todo el astral es un lugar de oscuridad, en absoluto, hay mucha luz en él, pero también existen algunas sombras que debemos enfrentar.

Es como si de una prueba se tratase, si la superamos avanzamos al siguiente nivel, por el contrario, si no la enfrentamos nos quedaremos estancados. De usted dependerá.

Pues eso, precisamente, es lo que me ha venido sucediendo en estas últimas semanas, una nueva prueba.

Como dije al principio las vibraciones han ido paulatinamente desapareciendo, pero eso no supe interpretarlo correctamente.

Pensé que mi habilidad de salir del cuerpo se perdía y estaba muy equivocado.

Porque, como dije en otra entrada, el cerebro cuando aprende un camino y lo asimila, con el tiempo, siempre va a buscar un atajo.

En mi caso es que ahora paso directamente al astral sin necesidad del paso previo vibracional, mi cerebro ya ha aprendido el camino y no se entretiene en este paso intermedio o peaje.

Me ha costado admitir que esto es así.

Me gustaba la sensación de la salida voluntaria del cuerpo y de moverme a plena libertad por la habitación, pero eso creo que debe de ser tan solo los primeros pasos, como todo en este universo evoluciona y cambia.

Ahora me sucede que me despierto directamente en el astral, al decir "despierto" me refiero a la toma de consciencia.

Es curioso ver como se entremezclan las diferentes vidas que suelo visitar en los universos paralelos que visito. ¡¡¡Se da la continuidad!!!

Disponemos de una memoria, diferente a la habitual, que se activa en estos universos paralelos, propia de estos lugares.

Me explico, cuando visito algún universo alternativo me veo a mí mismo dentro de un cuerpo similar al que ahora poseo y mis familiares son prácticamente iguales, pero lo curioso es que cualquier actividad que realice en estos mundos la recuerdo en la siguiente visita a ese mundo en concreto.

No sé cómo explicarlo, porque sé que resulta extraño.

Cada vez que repito en ese u otro destino se activa otra memoria en mi cerebro que pertenece a ese mundo en concreto y así puedo recordar ciertos aspectos y situaciones de ese mundo en particular, actos que en otras visitas realicé o se dieron en ese mundo y revienen a mi memoria.

Es como si la conciencia se dividiera en millones de partes y nosotros, aquí y ahora, estuviéramos en tan solo una de esas partes. Sin saber de la existencia de las otras (nuestros otros yos) que tienen sus vidas diferentes a la nuestra y sus problemas diferentes a los que tenemos aquí.

Un ejemplo de esto podrían ser los sueños recurrentes, que se repiten cada cierto tiempo en todos nosotros.

Todo esto me lleva a plantearme una hipótesis:

La conciencia es una e infinita, ésta se divide en innumerables sub-conciencias y éstas a su vez en otras tantas que habitan, cada una de ellas, en un cuerpo y este a su vez está en innumerables planos a la vez.

Todos estos planos son paralelos y no tienen, aparentemente, una conexión entre ellos. Pienso que si un ser humano supiera de sus miles de yos alternativos que tiene, se volvería loco al instante. Por eso la conciencia se divide y trata de mantener las experiencias separadas.

Voy a intentar explicarlo con una síntesis:

-    - La Conciencia es como un enorme árbol.

-    - Cada ramita es una vida individual, ajena a la rama que tiene justo a su lado (vidas   paralelas)

-    - El objetivo de cada ramita es lograr un objetivo ¿concreto? una flor, un fruto, que la parta un rayo etc.

-    - Cada grupo de ramitas convergen en una familia

-    - Cada grupo de familias convergen en un pueblo

-    - Cada grupo de pueblos en una nación

-    - Cada nación converge en el tronco principal del árbol (una especie) la humana por   ejemplo

-    - Cada árbol forma parte de un gran bosque (universo)

-    - Cada universo forma parte de otro árbol mayor que es la propia conciencia universal

-    - Esta conciencia universal ¿está jugando al escondite y se está buscando a sí misma?

-    - Cada experiencia individual (vidas) le proporciona el beneficio del conocimiento y la experiencia material para la Conciencia global.

-      - El hecho de ignorar el resto de ramas vecinas y hermanas nos hace débiles y temerosos

-      - Si nuestro principal motor es el miedo, nuestra existencia no florecerá, nos partirá un rayo

-      - Hay entidades que saben de esto y nos han sumergido en la ignorancia y así evitan nuestra evolución.

-      - ¿Estas entidades son nuestros creadores? que a su vez ¿fueron fruto de otro creador?

-      - Por poner un ejemplo claro, diría que son el pulgón que ataca a la flor e impide que se desarrolle.

-      - No hay insecticida para este pulgón (parásito)

-      - El insecticida lo tenemos que fabricar nosotros mismos ya que en 6000 años de historia no lo hemos visto por ningún lado

-      - El insecticida es tomar conciencia del árbol de la vida, despertar la conciencia y así expulsar a los parásitos

-      - En los antiguos escritos se dice que nuestros creadores nos hicieron a su imagen y semejanza y que tomamos el fruto del árbol del conocimiento. Este hecho nos acercaba a nuestros dioses y ellos lo que más temen es que tomemos el fruto del árbol de la vida, porque entonces seremos exactamente iguales, o estaremos en igualdad de condiciones...

-      - **El árbol de la vida es el mismo que el árbol del conocimiento,** que sí tenemos disponible ya que tenemos plena conciencia de cuando hacemos el bien y/o el mal, lo que sucede es que al árbol de la vida no podemos verlo en este plano con nuestros sentidos y no lo terminamos de comprender

-      - Entregamos nuestro poder a estas entidades para que peleen por nosotros (... y líbranos del mal...) esta lucha que nos corresponde a todos y cada uno de nosotros.

-      - Con ello nos roban nuestra energía e impiden nuestra evolución

-      - Ellos nos mantienen en el miedo

- - Por las noches nos exprimen a todos y cada uno de nosotros sin que nos percatemos de ello

- - Y para solucionarlo nos piden que les recemos y les demos adoración a cambio de su protección (de ellos mismos) (Mafia cósmica inter-dimensional) como me gusta ese nombre

- - La solución es despertar y ampliar nuestra conciencia para así descubrirlos

- - Esto implica mucha responsabilidad y valor

- - Esto implica reconocer que estamos infectados y debemos luchar para deshacernos de los parásitos

- - Se tienen que implicar todos cada uno en la erradicación del mal

- - El árbol de la vida está esperando que seamos capaces de dar el paso para ofrecernos el siguiente paso en la evolución

- - Nos han hecho creer que vendrá algún jardinero con el insecticida…

- - Y así llevamos miles de años, esperando

¿Creen que vendrá alguien?

Mi despertar no ha sido, ni está siendo un camino fácil ni por sendas de luces y colores.
Aún sigo en ello y no estoy muy lejos de donde está la inmensa mayoría.
No basta con que haya algunas mentes despiertas para superar este inmenso obstáculo. Se necesitan muchas más.
Nos han dado pistas veladas en ciertas ocasiones, para mí las más significativas se resumen en estas dos:
- Cambiar el miedo por el amor
- La verdad nos hará libres
De nosotros depende…
¿Y qué tiene esto que ver con la parálisis del sueño y los estados alterados de conciencia? Se preguntará usted.
Pues tiene mucha relación y voy a tratar de explicarla brevemente:

Todos al nacer tenemos cualidades de poder percibir estos mundos paralelos, o parte de ellos, que con el trascurrir del tiempo la cultura y la educación que recibimos van poco a poco cerrando estos canales de comunicación.

Los niños son los que mejor los reciben, es innato en ellos y en todo ser humano. Son los mal llamados terrores nocturnos ya que muchos niños los sufren y lo que se suele hacer en estos casos es hacer que el niño los vaya asimilando como algo fantasioso hasta que su cerebro llegue a ignorar el evento y pase a ser inconsciente de ello.

La cultura, la sociedad, las religiones, la ciencia, la televisión, el poder económico y una larga lista de instituciones harán que se cierren estos canales para siempre.

Pero no siempre se cierran del todo estos canales, por eso estoy yo aquí y seguramente usted también.

Todas las personas que padecen de parálisis del sueño o terrores nocturnos están capacitadas para ver estas entidades y con paciencia y valor acabar por extirparlas de sus vidas y por ende de la de los demás.

Es una cuestión de responsabilidad y decisión, no se trata de otra cosa.

Es una batalla del alma, que de momento vamos perdiendo.

Somos mucho más de lo que nos han tratado de convencer, tenemos todo el derecho del mundo a decidir nuestro futuro.

Debemos de dejar a un lado las supersticiones y empezar a ser responsables de nuestras vidas, aquí en este plano y en los demás que todavía no queremos conocer.

Hay esperanza. Pero falta determinación y ¡acción! ¡DESPIERTEN YA!

En esta capítulo quisiera abordar a fondo el tema del sexo en el astral, de cómo lo he vivido desde mi infancia hasta la actualidad y las diferentes opiniones que he ido adquiriendo a medida que fui avanzando en este terreno.
En un capítulo anterior donde hablaba del sexo en el Astral la llamé *Íncubos y Súcubos"* pero lo hice de manera superficial y no ahondé en las posibles causas que pueden desatar las relaciones astrales.

Por favor, tome todo lo que le voy a contar como si de un relato de ficción se tratara, aunque le aseguro que no lo es, pero quiero que tenga esa opción por si lo que describo le resulta demasiado extraño.

Hecha la advertencia vamos a meternos en harina, sobre todo yo, que le aseguro que soy una persona bastante reservada en estos temas, además de ser tímido no me siento cómodo diciéndole todo lo que le voy a relatar a continuación.

Todo empezó hace muchos años, cerca de 30, justo con la llegada de mi pubertad a eso de los quince o dieciséis años de edad.
Hasta ese entonces las visitas que tenía en mi habitación eran de tipo observatorio, las entidades se acercaban a mí, me miraban y se iban, eso sí, después de aterrorizarme un buen rato.
Pero nada más llegar la pubertad y mi pleno desarrollo sexual la intención de las visitas cambiaron repentinamente.
Todo ha sido un largo proceso en el que he tardado mucho en darme cuenta de qué es lo que sucede en realidad.
El sexo en el Astral es un acto totalmente diferente al que estamos acostumbrados en esta dimensión de materia.
En nuestro mundo material el sexo implica unas consecuencias que abarcan desde el amor a la reproducción de la especie. Incluso es el fin de una larga lista de acciones que realizamos en nuestras vidas, tales como buscar la belleza en nuestros cuerpos y en nuestras vidas, modelarnos e intentar estar siempre atractivos para ser deseados o aceptados.
Es curioso cómo hasta el dinero y el poder se han hecho un apartado en el mundo sexual humano.
Pues todo esto en el mundo astral simplemente ni existe ni tiene sentido.

No podemos saber si la entidad con la que estamos realizando el acercamiento sexual es de alto poder adquisitivo, o es agraciado físicamente, porque simple y llanamente los cuerpos físicos no existen en este plano tal y como los conocemos.

Es nuestra mente quien le da la apariencia física a la entidad, si deseamos una relación con una mujer atractiva, nuestra mente se encargará de darle esa forma que nos atrae y nos gusta.

A veces he tenido experiencias con seres con las formas físicas más absurdas e increíbles que se puedan imaginar, en esos casos tardé en darme cuenta que, muy probablemente, se trataba de mi subconsciente quien era el creador de estas raras formas, quizás estaba dando rienda suelta a mis más escondidas y recónditas apetencias o fantasías que hasta yo mismo desconocía, no descarto nada en absoluto.

Hasta y alguna que otra vez, lo reconozco, he tenido encuentros de tipo homosexual, lo que no me agradó en absoluto. Pero deberíamos entender que nuestras almas están para experimentar y aprender en este plano y en todos por los que se mueven, lo que no significa que en el otro lado sea un acto de lo más natural sin las connotaciones del plano tridimensional.

En nuestro mundo nos regimos por leyes y conductas que hemos aprendido desde la niñez y en relación al sexo siempre han sido demasiado rígidas e inamovibles.

¿Qué es lo que quiero trasmitir? se preguntará.

Mi idea es simple, estamos demasiado condicionados como para comprender lo que son en realidad las relaciones sexuales en otros planos de existencia, lo tomamos como un ataque a nuestra integridad en vez de un simple intercambio de energía o un saludo amistoso. Casi siempre las relaciones sexuales en el Astral son puro placer si somos capaces de superar la gran barrera cultural y social además de la otra gran barrera del miedo.

Es un placer tanto físico como espiritual, quien se haya atrevido a realizarlo sabrá que es un placer similar al acto sexual físico, pero las sensaciones que se experimentan son mucho más intensas y placenteras.

No es necesario llegar al orgasmo para que se realice un fuerte intercambio de energía, solo el hecho de realizar el acto sexual ya de por sí es un gran intercambio de energía.

Si se llega al orgasmo, la explosión de energía es increíble.

Esto lo he podido comprobar con algunas entidades ya que la energía que desprendemos los humanos en el acto sexual es tremendamente potente y en el orgasmo llega a su punto más álgido. Es como una central nuclear a pleno rendimiento.

No es de extrañar que este tipo de energía sea muy apreciada en estos otros planos de existencia. De ella dependen todas sus criaturas y formas de vida.

Puesto que muy poca gente ha llegado hasta el punto de tener relaciones sexuales con entidades de otras realidades, éstas se ven obligadas a sacar la energía de otras maneras diferentes para subsistir en su mundo.

Me refiero a que si no pueden (las entidades) sacar la energía de manera sexual lo hacen de manera emocional y casi siempre suele ser negativa para nosotros. Por ejemplo las visitas de dormitorio que nos aterrorizan. En estos casos no hay intercambios de energía mutua, solo se extrae energía del humano hacia la entidad en forma de terror.

Por el contrario cuando mantienes una relación sexual con algún ser astral, al terminar te sientes pletórico, lleno de energía y la sensación es indescriptible.

¿Cómo se produce?

Cada vez que he tenido una experiencia sexual en el mundo Astral ha venido precedida de una excitación previa, extremadamente fuerte. Muchas veces ha sido totalmente involuntaria, no la he planeado, simplemente se ha dado así.

En la etapa de relajación llega un momento en el que se pierde la consciencia, quedamos desconectados y caemos en el estado pre-sueño.

Es un estado en el que estamos desconectados de la realidad que nos rodea y caemos en un pozo de olvido ya que no somos capaces de registrar en la memoria nada en absoluto.

Es en ese estado donde, muy probablemente, se haga contacto con las entidades que están en la frontera de ambos mundos. Es posible que ahí se produzca el acercamiento y la excitación sexual.

Lo que no podría decir es quién propicia o provoca la excitación, si es la entidad etérea o somos nosotros o bien son ambas conciencias quienes se atraen mutuamente.

Gracias a mi amplia experiencia en la línea que separa ambos mundos, logro, justo en ese momento, despertar mi conciencia y mantenerme en estado de vigilia pero con mi cuerpo totalmente dormido.
Es ahí donde detecto a la entidad que se encuentra ya acoplada a mi cuerpo astral y tomo conciencia de lo que sucede.

También es en ese instante cuando analizo a fondo qué tipo de entidad me he seducido. Si me resulta agradable continúo con la experiencia y me dejo llevar, si por el contrario me resulta hostil simplemente la ahuyento y termino con la situación...

Lo que me he podido constatar a lo largo de estos años es la versatilidad que tienen estas entidades a la hora de adquirir una forma física que podamos comprender.
Su mente está conectada a la nuestra. Nuestros deseos se convierten en órdenes para estas entidades, se trasforman en lo que nosotros queramos y cumplen con todos nuestros deseos y fantasías.
También poseemos el control de la situación en todo momento.
Es como si tuviéramos un gran poder que estas entidades no quisieran despertar, ese poder es desconocido para la mayoría de las personas.

Conclusiones

Como hemos visto nuestra actitud es fundamental a la hora de abordar estos encuentros.
Solo después de infinidad de experiencias podemos ser capaces de superar las barreras del miedo, superar los prejuicios y las normas socio-culturales impuestas en nuestras mentes.
Debemos ser nosotros mismos, lo más puros que podamos, no juzgar y no tener miedo a ser juzgados. El sexo en el Astral no tiene nada que ver con lo que conocemos en este plano acerca de él. En el Astral es un intercambio de energía entre dos seres o almas que se encuentran o se atraen y deciden mantener este acto de mutuo acuerdo.
No hay más, no lo juzgue desde sus creencias o prejuicios, no se avanzará nunca en este campo si no somos capaces de apartar estas ideas de nuestra mente.
En el Astral no hay peligro de embarazos, de enfermedades de trasmisión sexual, de contraer compromisos de por vida... nada de eso.

Son simples encuentros por puro placer.

Podemos elegir, hay una frase que lo resume:

¡Haz el Amor y no la guerra!

En el Tantra la energía sexual está considerada como una de las más potentes del
universo e imprescindible para alcanzar el estado de superconciencia o
iluminación.

Yo quisiera ir más allá y sospecho que la energía más poderosa del universo, que
es el AMOR, tiene un derivado igual de potente que es el acto sexual.
Al realizar el acto sexual en otro plano estamos dando nuestra energía sin
reservas, eso es un acto de AMOR.
En todas las religiones del mundo se ha ocultado este dato y se ha tratado de
manipular el verdadero significado de la energía sexual reprimiendo severamente
todo acto que fuera con otro objetivo fuera de la mera reproducción.

También se ha estigmatizado la unión sexual con la culpa y el sufrimiento.
Manipulando toda connotación que pudiese haber con respecto a otros planos y
realidades alternativas.

Es por todos sabido que en la religión católica se ha asociado el sufrimiento, el
dolor, la angustia como caminos nobles de alcanzar la gracia divina.
Nada más lejos de la realidad, se nos ha intentado y lo han conseguido llevarnos
por el camino contrario y lo peor de todo es que lo hemos creído como una
verdad absoluta.

Piénselo fríamente

He estado investigando y probando otros métodos para acceder al astral e incluso he realizado un curso impartido por un profesional en la materia.

Lamento decir que ese método no me ha funcionado como esperaba, quizás tenía demasiadas expectativas y al final no funcionó como pensé.

Pero pude aprender muchas cosas que sí me han resultado muy útiles, así que después de todo el resultado se puede considerar como positivo.

El motivo de este post es otro y no tiene nada que ver con mis salidas al mundo astral, o quizás sí, no lo sé.

El 5 de Diciembre del 2017 a las 22:00h falleció mi suegro y lo que pasó en ese momento fue algo inexplicable, fuera de lo corriente.

En el curso conocí al que considero un gran amigo y mejor persona que llamaré M.

El día 29/12/2017 escribí una carta a mi amigo M la cual os dejo:
(He omitido nombres y lugares)

29/12/2017

Querido M, tengo la necesidad de relatarte una de las experiencias más sobrecogedoras que he podido vivir, he necesitado de algún tiempo para poder asimilarla, dado su carácter físico y al no tener explicación posible me ha dejado bastante perplejo.

Todo sucedió el 5 de Diciembre del presente, mi suegro, tristemente, falleció a los 88 años de edad, repentinamente en el hospital de (::::::::::::::::) estuvo cuatro días ingresado por un problema de incompatibilidad de medicamentos, que le provocaron una reacción alérgica en las piernas. Esto fue el viernes 1 de Diciembre 2017.

Se le ingresó en el hospital y se le administraron unos antiinflamatorios que solucionaron el problema. El sábado se encontraba bien de las piernas, pero quedó muy débil.

Mi mujer y yo, junto con nuestras hijas nos desplazamos ese fin de semana a (:::::::), que es el pueblo donde vivía mi suegro, a unos 300 Km de nuestra casa. Para así estar con él.

El domingo 3 de Diciembre regresamos a (:::::::) y el Lunes 4 mi mujer volvió al pueblo de su padre para quedarse con su él hasta que le dieran el alta médica.

Yo me quedé en casa con las niñas ya que tenían que asistir al colegio.
El martes 5 de diciembre por la mañana mi suegro no terminaba de recuperarse y además se resfrió en el hospital, le dio una fiebre alta y por la noche le administraron unos calmantes para que pudiera descansar.
En ese momento se quedó dormido y mi mujer aprovechó para marcharse a cenar y dormir en casa de una amiga (M. A.) que vive en el mismo pueblo que mi suegro.
Justo al cabo de media hora (a las 22:00h) me llamaron del Hospital, el médico de guardia, para comunicarme el fallecimiento de mi suegro.
Acto seguido se lo comuniqué a mi mujer, que regresó de inmediato al hospital acompañada de nuestra amiga M. A.
Yo, por mi parte, me puse a preparar todo lo necesario para salir de viaje, con las niñas al día siguiente bien temprano.
Recogí la casa, preparé las maletas y me fui a darme una ducha rápida a eso de las 23h.
En ese momento solo pensaba en mi pobre suegro, de cómo se había ido, de los momentos que pasamos juntos y de la relación que tuvimos, llegué a pensar que no me había despedido de él en los últimos ratos que pasamos en el hospital y eso me apesadumbró.
Salí de la ducha y la vista se me fue hacia el espejo que hay en el baño, es un espejo grande que ocupa toda una pared y éste estaba completamente cubierto del vapor.
Lo que me llamó de inmediato la atención fue una huella que vi en el espejo de una mano que apareció de repente en el espejo, como si alguien hubiera colocado su mano derecha en el espejo.
Acto seguido y de manera totalmente instintiva pensé en mi suegro, algo en mi mente me decía que era él, que era su mano y que venía a despedirse de mí.
Rompí a llorar de la emoción e instintivamente coloqué mi mano derecha sobre la huella y mentalmente le dije adiós.
Pude así comprobar que el tamaño de la mano era ligeramente mayor que mi mano, que nadie en casa tiene la mano mayor que la mía y que nadie pudo colocar esa huella anteriormente ahí.
Pasados unos días ya de regreso a mi casa concretamente el 12/12/2017 repetí la operación de la ducha, para comprobar si la huella seguía ahí y en efecto ahí seguía, se lo mostré a mi mujer quien rompió a llorar emocionada, le hice una foto que te adjunto:

Foto tomada en mi casa en el baño

A los pocos días regresamos al pueblo para continuar con los trámites legales del sepelio, nos alojamos en la casa de mi suegro y poco antes de marcharnos de regreso a nuestra casa, que está a 300 Km, me acerqué a una pequeña cocinilla que tenía el hombre en el patio, donde solíamos hacer comidas a la leña, en una chimenea.
Mi sorpresa vino al ver que en el frontal de la chimenea, lleno de hollín había una huella de una mano, una mano muy parecida a la que encontré en el baño de mi casa. Coloqué mi mano encima de la huella y así comprobé que era ligeramente mayor que mi mano.
Sin duda era la huella de mi suegro, que unas semanas antes estuvo haciéndose una chuletas de cordero en esa chimenea, lo sabemos porque la mujer que iba a limpiar la casa así nos lo dijo, que lo había visto hacer lumbre y hacerse unas chuletas y le dijo que tuviera cuidado que no fuera a tener un percance.
También se me ocurrió hacer una foto que te adjunto:

(Foto tomada en casa de mi suegro ya fallecido el 20/12/2017 la dejó con anterioridad a su fallecimiento)

¡Son exactamente iguales!
En tamaño, los dedos e incluso una pequeña marca que hay justo al lado del meñique
Es acojonante, mi suegro vino a despedirse de mí y también de su hija con una prueba que sabía que yo se lo trasmitiría a ella.
Mi mujer no cree en nada de estas cosas, pero ante las evidencias no le queda ninguna duda de que era la huella de su padre.
Con esto mi suegro me ha querido decir varias cosas, según mi entender:
- *Que la huella es suya inequívocamente*
- *Que existimos después de abandonar este mundo*
- *Que hay que estar abierto de mente y atento a las señales para poder percibir estos mensajes*
- *Que lo más importante en esta vida es nuestra relación y comportamiento que tenemos con nuestros semejantes.*

Creo que es el mensaje más potente que he recibido jamás y éste no ha venido del mundo de los sueños si no que ha traspasado esa frontera y se ha logrado manifestar en este mundo físico.
Creo que todo el trabajo que vengo realizando en el mundo onírico y espiritual ha podido, de alguna manera, abrir este canal de percepción y mi suegro lo sabía.
Jamás hablé nada del tema con mi suegro, él, en vida, no sabía de mis aventuras en el astral, cosa que no hubiera creído ya que era profundamente religioso.
Pero al fallecer se me manifestó de manera clara y directa.
Todavía estoy alucinando de todo lo que me ocurrió, necesito asimilarlo y créeme que me cuesta.
Creía importante compartirlo contigo, porque eres una persona con una gran intuición y con una mente muy abierta, seguro que ves algo que a mí se me escapa en las fotos, porque eres un gran observador.
Quiero mandarte un fuerte abrazo y desearte un feliz 2018.
Muchas gracias
Un cordial saludo
Manu

Esto aconteció tal y como os lo he relatado

La importancia de la respiración

Si hay algo en común en muchos de los episodios que se dan dentro de las
parálisis del sueño es sin duda la sensación de ahogo, de falta de aire que ha sido
asociada a notar un peso encima del pecho.

Nada más lejos de la realidad, ya indiqué en otra entrada a qué se debía esta
molesta sensación.

Durante el sueño los músculos encargados de la respiración funcionan de manera
automática y autónoma a nuestra voluntad.

Es el sistema nervioso autónomo y en concreto el parasimpático quien regula
nuestra respiración desde el bulbo raquídeo que se encuentra en la base del
encéfalo.

Durante el sueño nuestro cuerpo necesita relajarse para que así nuestro
organismo se repare, bajan la presión arterial y el ritmo cardíaco.

Esto favorece muchas funciones que son vitales para mantener un cuerpo en
perfectas condiciones. Es lógico que nuestro cerebro haya ideado un mecanismo
para separar las acciones del mundo onírico de nuestro cuerpo físico.

De otra manera: en los sueños no necesitamos respirar, no como habitualmente
lo hacemos ya que en vigilia podemos controlar nuestra respiración de forma
voluntaria, en el sueño esta función queda desactivada, porque si no el cuerpo no
podría repararse a sí mismo.

Cuando tenemos un sueño que nos produce ansiedad no se altera nuestro ritmo
respiratorio, porque si lo hiciéramos alteraríamos el proceso natural y las
funciones que se realizan durante el reposo y la relajación del cuerpo.

Esto tiene su lógica… hasta que sufrimos una parálisis del sueño.

Nuestra respiración sigue en modo automático pero nosotros ya estamos
despiertos y por mucho que queramos controlar la respiración no podemos
hacerlo.

De ahí la sensación de ahogamiento, de falta de aire, de presión en el pecho. No
existe tal cosa, lo que pasa es que estamos respirando de manera muy sutil y
apenas perceptible, más aún en ese estado de ansiedad en el que nos
encontramos. No somos capaces de darnos cuenta de que,
efectivamente, estamos respirando, porque mandamos órdenes a los pulmones
para respirar más rápido y más cantidad de aire y éstos no nos responden.

No es hasta que se nos pasa la parálisis que podemos recuperar el ritmo
respiratorio a voluntad, pero mientras dura la PS es el sistema nervioso
autónomo quien regula la respiración de la manera que antes he descrito y por las
funciones para las que está programado hacerlas.

No hay subida de muerto, que popularmente se le ha llamado así, simplemente
no podemos controlar a voluntad nuestros pulmones y creemos que hay algo o
alguien que los oprime y no es otro que nuestro encéfalo.

¿Qué sucede al respirar de forma relajada?

En las grandes tradiciones orientales se la da una importancia a la respiración
que no damos en occidente.
La respiración junto con la meditación es una vía a la iluminación del ser
humano.
He estudiado gran variedad de métodos respiratorios en mis meditaciones:
La respiración pranyama, la holotrópica, la cuántica, la respiración en cuadrado,
Nadi Shodhana, Inda y píngala, la torácica, la diafragmática y así un largo
etcétera.
Todas muy bonitas, pero en ninguna y recalco que en ninguna de ellas te dicen
qué hacer con el aire que entra en nuestro cuerpo.
Todos aluden a que no centres tu atención más allá de la punta de tus narices,
que solamente estés atento al aire que entra y sale de tus fosas nasales, o que
mentalmente lo dirijas a ciertos lugares de nuestro cuerpo
Y aquí siempre me he preguntado varias cuestiones ¿Por qué? ¿Qué pasaría si
observara el aire como otra cosa diferente a simple aire?
¿El aire es solo aire? O ¿Tiene algún otro elemento que desconocemos y nos han
ocultado?
Piense por un momento cuánto tiempo puede aguantar un ser humano sin
comida, o sin agua o sin dormir, posiblemente estamos hablando de días o
semanas.
Piense ahora cuánto tiempo puede resistir un ser humano sin respirar…
Tan solo unos minutos.
Lo que me lleva a aseverar que la respiración es la función más importante de la
vida y que no solo llevamos oxígeno a nuestra células si no que, sospecho que
hay algo más y que es de vital importancia para todo ser vivo.
Los que ya me conocéis sabéis que soy y siempre he sido un rebelde con
respecto a lo establecido y dado por hecho como verdad absoluta y en esta
ocasión tampoco os voy a defraudar.
La respiración no solo nos aporta oxígeno a nuestras células sino que además nos
aporta la energía vital, o universal o el Ki o en prana o esa energía de vida que
todavía no ha sido reconocida por la ciencia oficial, (vean la historia de Wilhem
Reich) y como fue desprestigiado.

Por qué lo digo, pues amigos míos siempre que digo algo es por alguna razón.
Sobre mis prácticas para provocar una salida consciente al Astral empleo la
meditación y la respiración y no ha sido hasta hace poco que me he dado cuenta

que faltaba un ingrediente para completar la fórmula y creo que por fin lo he hallado, es la emoción.

Es complicado de explicar, pero se deben utilizar estos tres ingredientes para provocar una salida exitosa del cuerpo.
Muchas veces conseguía desdoblarme empleando una técnica de relajación cualquiera y al poco tiempo esa misma técnica no funcionaba.
Había algo que fallaba ¿cómo era posible si había seguido todos los pasos?
Si había replicado exactamente igual la técnica ¿Por qué una vez funcionó y otra no?
La respuesta me la dieron hace tiempo desde el otro lado y no ha sido hasta hace poco que la he asimilado y puesto en práctica.
Se trata de la emoción y el sentimiento que tengamos a la hora de hacer el ejercicio.
En estas últimas semanas he logrado salir más que nunca al Astral y ha sido a raíz de utilizar estas herramientas combinadas.
Estoy en fase de pruebas y no quiero lanzar las campanas al vuelo, sería precipitado.

Tengo que probar esta técnica con otras personas que puedan corroborar esta tesis.
Muchos de los que sufrís la PS tenéis esta cualidad de desdoblaros de forma natural, lo que os sucede y os entiendo perfectamente es que os asusta dar el paso al otro lado.
Comprendo que mucha gente no quiera saber nada de esto, pero que no lo tome como una ofensa. Mi mensaje es para valientes y aventureros, porque es lo que se necesita para explorar nuevos territorios.
Quién sabe algún día los puedan visitar hasta los más incrédulo

¿Cómo ir al Presente, al pasado o al futuro en el Astral?

Una de las características más impresionantes e inexplicables a la hora de experimentar en el Astral es la cualidad de poder moverse en las diferentes épocas de diferentes lugares y muy posiblemente de diferentes líneas de tiempo, tanto del presente actual, como del futuro y del pasado.
Sabéis, los que me seguís, que siempre que digo algo es porque lo he experimentado, porque lo he vivido en mis propias carnes o por lo menos esa es la impresión que me ha quedado después de una experiencia.
Os voy a relatar una de mis últimas experiencias que tiene mucho que ver con esto mismo y de cómo puede influir o haber influido en nuestras vidas

15/02/2018
La experiencia de hoy ha sido muy larga y variada.
En un principio estaba con mi mujer en la cama y nos teníamos que levantar, no he sabido muy bien dónde era, pero no era mi habitación habitual, podría decirse que *"he despertado mi conciencia dentro de otro sueño"*
Al lado de mi mujer estaba mi hermano que nos apremiaba a todos para salir y decía que teníamos que ir a otro lugar, por lo que mi mujer me apremiaba a mí para salir de prisa.
Yo intenté salir justo detrás de ella, pero me costaba mucho seguirla.
Me tranquilicé y me dejé llevar ya que notaba que estaba en estado de parálisis, al lograr un poco de calma salí del cuerpo y hacía tanto que no lo experimentaba que me dio una gran alegría volver a hacerlo.
No sé muy bien por qué pero me sentí pletórico de fuerzas, con una energía inusitada y de repente me puse a luchar yo solo contra nadie en concreto, solo daba patadas en el aire y puñetazos a toda velocidad y con toda agilidad, casi como los dibujos de bola de dragón. Estaba rebosante de fuerza y me permití hacer un Kame hame con una fuerza descomunal.
Por fin había vuelto a mi cuerpo etérico y estaba en plena forma.
Acto seguido escuché unas voces, creí reconocer una de esas voces, en efecto era la de mi suegro, que falleció hace un par de meses.
Me dirigí hacia el lugar de donde provenían las voces y allí pude ver a mi suegro con otros dos hombres más.
Mi suegro tenía un aspecto de un hombre de cuarenta y pocos años, jamás lo había visto con ese aspecto, porque cuando yo lo conocí tendría unos setenta años y estaba calvo y el poco pelo que conservaba era completamente cano

Este hombre, en cambio, tenía todo su pelo, con algunas entradas, pero éste era de un color negro intenso.

Lo reconocí enseguida, por su cara y por su voz y su manera de hablar.

Estaba hablando con los otros dos hombres y a uno que se llamaba Paco al que mi suegro le estaba pidiendo un favor.

En concreto era para facilitar la compra de su casa en el pueblo, este hombre tenía que hacer algo para que mi suegro pudiera comprar esa casa.

No sé exactamente qué debía hacer ese hombre, pero el asunto parecía de gran importancia para que mi suegro pudiera adquirir esa casa.

Más tarde y comentándolo con mi mujer, ésta me dijo que de no haber comprado la casa en este pueblo toda la familia se hubiera ido a Almería a vivir.

Por lo que deduje que el favor que el Sr.Paco le hizo a mi suegro fue, a la larga, determinante para que mi mujer y yo pudiéramos, años más tarde, conocernos y enamorarnos.

En parte aquel Sr. Paco y su acción determinó nuestro futuro y eso fue lo que se me quiso mostrar en esta experiencia.

Luego las tres figuras (mi suegro, el Sr. Paco y el otro hombre) se fusionaron en una sola y pude ver como los ojos de todos se fundían en un solo ojo, eso me dejó muy sorprendido, porque ese ojo contenía decenas de ojos más pequeños, era como una fusión de muchos ojos en uno solo.

Aparecí de nuevo en la cama de esa casa y vi una pequeña esfera luminosa que revoloteaba cerca de mí.

Esta esfera se alejó y se puso a hacer pequeños giros en forma circular a una distancia de dos metros de mí.

Traté de controlar el movimiento de la pequeña esfera, pero ésta no respondía a mis órdenes.

Algo me dijo que no siguiera a la esfera.

Hice caso a mi intuición y pasé de largo.

Continué por lo que parecía ser el pasillo de la casa de mis padres en Barcelona y al llegar a mi cuarto me detuve, todo era muy borroso.

Había una bruma que impedía que viese con claridad, pero pude distinguir una cama con dosel y a los pies de la cama una niña pequeña de 4 ó 5 años.

Era de pelo largo y castaño claro, sus ojos eran de color claro, creo que azulados y su carita era preciosa.

Por detrás de ella estaban mis dos hijas. La mayor recriminaba a su hermana algo respecto al tabaco que fumaba y al prejuicio que le ocasionaba a la niña pequeña.

Deduje que la niña pequeña ¡era la hija de mi hija! ¡Entonces sería mi Nieta!

La niña se llama Carol.

Todo era muy brumoso y difuso y es que se suponía que estaba en un hipotético futuro, por eso era inestable. Ya que el futuro es muy incierto.
Cabe destacar que cuando vi a mi suegro Leo en una hipotética situación en un pasado lejano salí por el lado izquierdo de la cama.
Cuando fui al futuro lo hice saliendo por el lado derecho de la cama…

Conclusiones

Cada vez que salgo al Astral lo hago de forma directa: salgo de mi cuerpo físico al Astral.
En esta ocasión fue diferente, no salí desde mi cuerpo físico si no que la salida la hice desde dentro de un sueño, con consciencia de estar soñando.
Cuando sales desde tu cuerpo sutil y estás en un sueño, si lo haces por el lado izquierdo de la cama vas al pasado y si lo haces por el lado derecho te diriges al futuro, supongo que si lo haces hacia el centro te quedas en el presente, pero todavía no lo he probado.
En otras palabras, la salida se produjo desde un cuerpo etérico a otro cuerpo etérico más sutil si cabe.
Ya que cuando soñamos y nos damos cuenta de que es un sueño, pasamos al Astral, pero si estás en un sueño que estás soñando y sales de tu cuerpo, entonces pasas a otro cuerpo más sutil todavía y con muchas más cualidades que el cuerpo etérico 1.
Este lo podríamos denominar cuerpo etérico 2, tiene más energía, fuerza vital, agilidad y destreza que el cuerpo astral 1.
Tu mente es más sabia, tu intuición es más aguda y certera, escuchas y ves con mucha claridad, en definitiva es una maravilla.
En otras ocasiones me había visto dentro de un sueño a mí mismo e intenté salir, pero mis esfuerzos no se vieron recompensados, o no lo conseguía o bien la salida era muy débil.
Al salir por uno u otro lado de la cama se acceden a lugares y tiempos diferentes, puedes ver situaciones que resultaron claves para tu vida, o también se te pueden mostrar acontecimientos que están por venir y que nos advierten de nuestra responsabilidad en ellos, de alguna manera nos previenen de ciertas cosas de las que seremos responsables si no actuamos de la manera correcta.
Es el caso de mi hipotética nieta y de sus problemas respiratorios por causa de que mi hija fume, hábito que seguramente haya adquirido de ver a su padre fumar, o sea YO.

Hace poco leí en un libro de Castaneda que uno de los grandes retos del brujo era precisamente esto, el lograr ensoñar desde un sueño.

Yo no me considero un brujo ni mucho menos, quizá si encuadre mejor en la visión que tenía Castaneda de que los brujos, en realidad, son guerreros y su camino espiritual es el camino del guerrero.

Y la cruda verdad es esta, que me he llevado muchas hostias en el Astral, me han zurrado de lo lindo y al final uno aprende a defenderse por puro instinto de supervivencia.

Un truco es ver algunas pelis de artes marciales, el hecho es que aunque seas el tipo más torpe del mundo (en el mundo físico) cuando te trasladas al Astral tu subconsciente ha aprendido, por solo el hecho de observarlas, todas estas técnicas y las podemos desarrollar como si fuéramos unos expertos en lucha. Os animo a que lo probéis, es muy divertido y os puede salvar de muchas situaciones adversas.

Es posible que muchos de los que sufrís la parálisis del sueño no seáis otra cosa que unos grandes guerreros en estado de letargo, adormecidos e hipnotizados.

Estoy seguro de que muchos de los que me leéis lo sois, solo hay que despertar al tigre que lleváis dentro, que ahora es un gatito asustado por las legiones de entidades, larvas, parásitos y por sus jefes los arcontes que os absorben la energía en cada parálisis y os desaniman a hacer lo contrario a sus intereses, para que permanezcáis siempre en ese estado de miedo permanente y a que nunca descubráis vuestro autentico poder.

Si lo hicierais otro gallo nos cantaría….

Vidas paralelas (Otros yos II)

Hola de nuevo a todos y bienvenidos a esta nueva entrada donde quisiera explicar, siempre desde mi punto de vista y experiencias, algo que me sucede con mucha asiduidad en mis salidas corporales y sueños lúcidos.
Se trata de las vidas paralelas que estoy casi convencido que todos tenemos pero de las que no somos en absoluto conscientes de ellas.
Es un tema complejo de explicar, porque todavía no he hallado una lógica que me resulte convincente, solo dispongo de indicios que he podido recopilar a lo largo de mi vida onírica.
Por lo tanto lo que les voy a exponer no es más que una teoría, no puedo ni debo aseverar nada porque no tengo pruebas lo suficientemente sólidas para ello.

Vamos allá:
Una de las cosas más curiosas que ocurren en las salidas del cuerpo con consciencia es la de trasladarte a lugares extraños o que no puedes reconocerlos ya que jamás has estado allá nunca, o eso crees en principio.
Es como si fueras a otros mundos, muy parecidos a éste pero con grandes diferencias que enseguida percibes.
En estos lugares se activan una serie de memorias alternativas que todos poseemos y que solo se activan cuando estamos en estos lugares.
Podemos llamarlos sueños recurrentes, porque los visito en más de una ocasión y cada vez que me encuentro en uno de ellos hay una memoria, concreta de ese lugar, que se activa.
Este tipo de memoria, por explicarlo de alguna manera, es como si adoptase la vida del avatar (otros yos) que reside y vive en ese plano, sus pensamientos se unen a los nuestros, tenemos acceso a los hechos más relevantes de este avatar, su familia, su casa, su trabajo, sus recuerdos, sus vivencias, sus miedos y temores etc.
Es como si con nuestra conciencia (la actual) invadiera y conviviera por unos instantes la conciencia de estos otros yos.
Pero lo más curioso es que me identifico como yo mismo también.
No lo percibo como algo totalmente ajeno a mí. Si no que me identifico con ese avatar, que es sustancialmente exacto a mí pero que tiene otra vida totalmente diferente a la mía en el plano Tierra.
Sé que es una idea de locos pero así sucede.

Voy a poner algunos ejemplos para que se entienda mejor la idea que les quiero
trasmitir:

En algunas ocasiones me he visto en una ciudad que no sabría identificarla, solo
la reconozco cuando estoy allá y en una aventura astral.

En esa ciudad vamos mi esposa y yo y nos acercamos a una tienda de
alimentación variada, una especie de puesto similar a los de un mercado
municipal de los que existían antes de los grandes centros comerciales de hoy en
día.

En esta tienda hay tres dependientas que las reconozco enseguida.

Son tres mujeres de diferentes edades, dos de ellas son jóvenes, de entre 20 ó 30
años y la tercera dependienta es algo mayor, de aproximadamente 50 años.

Yo siempre quiero comprar algo en esa tienda, no sé exactamente qué, pero
deseo comprar algo de comida ahí.

La que en ese lugar representa el papel de mi esposa siempre se niega a comprar
nada en esa tienda e insiste en quitarme la intención de comprar alguno de sus
productos.

En otras ocasiones me encuentro en casas que no tienen nada que ver con mi
casa actual, ni por tamaño, ni por ubicación ni por disposición de todos sus
elementos, habitaciones, muebles, enseres etc.

Son casas totalmente diferentes a la mía, son lugares a los que estoy seguro
jamás he visitado, por lo tanto deben existir en algún lugar o bien en este plano o
fuera de él.

Pero la sensación es siempre la misma: Son mis casas, mis hogares, mis otras
moradas que se repiten una y otra vez y me siento completamente convencido de
que si lo son.

Es muy curioso y extraño a la vez, pero me inmiscuyo en la vida de estos otros
yos con plena naturalidad, no me siento un invasor de sus cuerpos, ni de sus
vidas porque son la mía también.

Sus problemas se vuelven míos, sus preocupaciones se trasladan a mí, sus
vivencias son las mías y así en todo.

Lo que creo que es importante, al visitar estos lugares, es brindar ayuda a estos
personajes que son mis otros yos. Por alguna razón me encuentro allí y creo que
me presento en sus vidas en algún momento importante y de alguna manera sé
que les puedo ayudar.

Otro ejemplo y con este ya acabo, sucedió en una salida me trasladé a un
universo donde tenía una casa enorme y muy espaciosa, no sabía muy bien cómo
la había podido conseguir y me lo preguntaba a mí mismo.

Entonces la respuesta vino al mirar a un viejo amigo de la juventud con el que
compartí aficiones musicales y formamos un grupo de rock, entonces una voz
me dijo como un susurro: "Ahí tienes a tu maestro" y supe al instante que fue

gracias a mi amigo que aprendí a tocar la guitarra y que él me enseñó a perfeccionar mucho el estilo.

Deduje que gracias a eso pudimos formar una gran banda de rock y que en ese universo tuvimos éxito.

Las respuestas vienen de manera automática cuando las fórmulas de manera correcta y desde el corazón, siempre funciona así, con el lenguaje de la conciencia, que está unido al lenguaje de los sentimientos y emociones.

Si ustedes son capaces despertar y aguardar un momento antes de abrir los ojos y de moverse, es fácil recordar los sueños, solo tienes que recordar lo último que te ha pasado y tirar de ese hilo para sacar el sueño en su totalidad. Es curioso, pero haciendo esta técnica, la de llevar a la memoria consciente los sueños nada más despertar éstos se quedan en nuestro banco de datos para siempre.

Un truco para rememorar sueños es el siguiente:

Antes de dormirnos debemos intentar recordar algún sueño que tuvimos en el pasado, si lo practicamos todas las noches sucederán dos cosas:

Una que tardaremos muy poco en conciliar el sueño y otra que nos vendrán a la mente sueños de hace muchísimo tiempo que como por arte de magia volvemos a recordar.

Este es un ejercicio que nos vendrá muy bien para ejercitar nuestros rincones más olvidados de nuestra mente subconsciente y nos mantendrá el cerebro en un estado óptimo de salud y funcionamiento.

Conclusiones

Mi conclusión, por ahora, es que somos una pequeña porción de algo que es mucho mayor y está presente en todo lo que percibimos y en lo que no llegamos a atisbar con nuestros sentidos físicos.

Esa pequeña porción que habitamos lo llamamos vida y solo somos conscientes de esa pequeña y en apariencia pequeña vida o gota cósmica en un océano infinito.

Pero no es la única vida que todos creemos tener, la cosa va mucho más allá, yo solo he podido arañar la superficie de algo que se esconde, no sé si intencionadamente, pero al que no podemos llegar, por lo menos desde esta vida que poseemos.

Solo se puede conseguir a través de mucha meditación, de mente abierta, de enfrentarte a tus miedos más terroríficos, de tener unas ganas tremendas de

traspasar las fronteras físicas y adentrarse en lo desconocido con valor y
decisión.

Todos somos capaces de descubrir estos nuevos territorios de la mente, desde
pequeños tenemos esa capacidad, que y por desgracia con el paso de los años se
va perdiendo y una vez perdida es muy complicado recuperarla.
Hay algunas corrientes filosóficas que hablan de esto en concreto pero en vez de
creerlas o en vez de creer lo que digo les aconsejo que lo mejor de todo es
experimentarlas para convencerse cada uno con sus propias experiencias.
Espero que lo consigan y si tienen alguna duda aquí me tienen para lo que
necesiten

¿Qué se oculta en el Área 122 de la Antártida?

Lo que Aquí os traigo es una experiencia increíble que me sucedió en Mayo de 2018.

He dudado mucho en publicarla y al final me he decidido porque creo que es mi deber hacerlo, para bien o para mal, ya se verá.

Dado que se trata de una historia de lo más increíble me gustaría que se lo tomara, usted lector, con la deportividad que se requiere al adentrarse en los mundos alternativos del subconsciente y por ello le pido que si no me cree está en su pleno derecho de así hacerlo. Yo también dudaría de algo así, pero me veo en la obligación de darle una verosimilitud amplia y una oportunidad de veracidad por lo clara, contundente y convincente que fue la experiencia.

Vamos a ello, valor y al toro:

Mayo 2018:

En esta ocasión la experiencia tuvo lugar por la noche.

Desde un sueño normal me vi lanzado, de repente a un escenario nuevo.

No recuerdo haber estado allí nunca antes, por lo menos mi parte consciente.

Sé a ciencia cierta que se trataba de un viaje Astral porque adquirí plena consciencia de ello al instante.

Me encontraba en una especie de base militar, rodeado de soldados haciendo maniobras. Los militares iban armados y éramos un grupo de 20 ó 30 que íbamos descendiendo por un camino iluminado artificialmente ya que era de noche. Yo me encontraba entre los soldados que a paso ligero bajábamos en formación por un camino pedregoso y nevado.

Podía ver el sendero por donde transitábamos el grupo y empleando la técnica de telepatía que describí en la entrada "El lenguaje de la conciencia" pude intuir que estábamos pasando justo al lado de una inmensa pirámide, no pude verla con claridad, había una espesa niebla que lo impedía, pero mi intuición me llamaba de manera poderosa hacia el lado derecho del camino. Aunque no podía verla allí estaba esa majestuosa pirámide, intuí que era oscura casi negra. Era enorme y emitía una tremenda energía que sentí en mi interior.

En ese momento empecé a recibir información, mental por supuesto, de alguien que estaba conmigo, a mi lado en la formación de militares.

Se trataba de un compañero/a de viaje. Otro viajero astral que me acompañaba y ambos teníamos una especie de misión en aquel lugar tan extraño.

La información que empecé a procesar era tremenda, no por la cantidad que me vino a la mente de golpe, sino por la trascendencia que podía tener esa revelación.

Estábamos infiltrados en un ejército secreto formado por militares profesionales de varias nacionalidades y al mando, creí entender, de la Otan. Supe al instante que corríamos un gran peligro si éramos descubiertos y que debíamos actuar con sumo cuidado de no serlos.

Mientras pasábamos al lado de la gran pirámide pudimos ver como un pequeño robot espía chino era descubierto por los militares y destruido al instante.

Aprovechando el momento de desconcierto salimos de la formación y nos apartamos del camino, bajando por una ladera hasta una entrada escondida que llevaba al interior de un túnel oscuro.

Mi compañero me guió por esa entrada, una pequeña gruta que nos condujo a un túnel mayor, como los que hay bajo tierra de cualquier ferrocarril.

Mi compi me advirtió que debíamos ser muy rápidos en andar por ese túnel ya que corríamos un gran peligro si permanecíamos mucho tiempo.

Me dijo que no era un túnel normal, que se trataba de una construcción de unos mega túneles que comunicaban subterráneamente los puntos más calientes y secretos del planeta.

Que eran atravesados por unos trenes que podían alcanzar la velocidad de 1000km/h. Si en ese momento hubiera pasado algún tren seríamos hecho picadillo los dos, por la inmensa turbulencia y efecto aspirador que ejerce el tren a esas velocidades en el túnel.

Es cierto que había oído hablar de la existencia de estos túneles que conectan varios puntos estratégicos en el planeta, pero jamás, en mis viajes, había estado en ninguno de ellos.

Mi compañero me llevó hasta una puerta escondida en un lateral del túnel, la abrimos y pasamos a otro pasadizo más pequeño que era mucho más sinuoso y lleno de recovecos.

El pasadizo terminaba en una pequeña sala que podría decir que era una especie de cloaca o sumidero de aguas.

Desde ahí y en la zona del techo de esa cloaca había dos aperturas que daban a una sala superior, estas aperturas eran tipo alcantarillas por las que podíamos ver el interior de una sala más grande.

Nos asomamos a las aperturas y lo que vi me dejó atónito.

Esa sala superior estaba justo debajo de la gran pirámide oscura que intuí en el complejo exterior.

La sala sería de unos 50-60 metros cuadrados, todas las paredes eran de piedra, una construcción muy antigua y formaba un cubículo.

En el fondo de la sala había una apertura a una especie de roca de color negro.

Alrededor de la roca había lo que creí comprender que eran niños pequeños de entre 8 y 12 años.

Estos niños llevaban unos trajes especiales oscuros, como para evitar algún tipo de contaminación o radiación que podía emitir la gran roca negra del fondo de la sala.

Toda la sala estaba aislada y justo por encima de nuestra posición había otra sala que se comunicaba con la sala de la piedra negra a través de megafonía y a ambas salas las separaba un grueso cristal.

Los niños estaban permanentemente en contacto con la gran roca negra, colocaban su frente en la roca y recibían mensajes directamente a sus mentes que provenían de la roca.

Lo que pude averiguar es que se trataba de un lenguaje, un código muy antiguo que tenía relación con quien construyó la pirámide.

Uno de los niños se dirigió hablando a unas personas que se encontraban en la sala superior aislada.

Este niño les dijo una frase, que no recuerdo exactamente, pero esta frase tenía un poder y significado diferentes si la decías en un sentido o en otro.

Mi mente se hacía preguntas y las respuestas me llegaban de manera automática, mucha información me llegó al instante.

La información que llegó fue la siguiente:

- Esos niños llevaban más de 30 años intentando descifrar el lenguaje o código que emitía la gran roca negra.
- Pese a llevar 30 años trabajando en esa labor no habían envejecido, ni si quiera crecido con normalidad, porque su aspecto era de niños de pocos años de edad.
- El código que trataban de descifrar era muy complejo y apenas conocían una pequeña parte de cómo funcionaba en realidad.
- El código tiene la propiedad de crear y trasformar la materia a voluntad para aquel que logre dominar este lenguaje.
Toda esta información me vino utilizando la técnica que antes os detallé del "lenguaje de la conciencia" y aunque estos niños hablaran en otro idioma diferente al mío, yo podía entender todo lo que estaba sucediendo en ese enigmático lugar.

Mi compañero y yo permanecíamos en silencio en la sala de abajo y entonces él me pidió que yo debiera hacer algo con sumo cuidado.

Creo que esa era la causa por la que yo estaba allí en ese lugar y que tenía que hacer.

Me pidió que mirara a la sala superior, donde se encontraban los que dirigen el proyecto secreto.

No me lo pensé y lo que hice fue tan espectacular que yo mismo me asombré de las capacidades que tiene mi cuerpo astral.

Lo que hice fue un segundo desdoblamiento de mi cuerpo.

Esto ya lo había conseguido en alguna otra ocasión, donde dentro de un sueño y con mucha práctica te puedes desdoblar y acceder a otros estados o planos mucho más profundos y complejos. Ver película Orígenes con Leonardo di Caprio.

Al desdoblarme, ascendí por la apertura o alcantarilla del techo y la atravesé.

Estiré mi segundo cuerpo astral para asomarme a la parte acristalada y creo que también la atravesé.

De repente estaba frente a frente con los que controlaban el proyecto al que yo llamo "Pirámide oscura de la Antártida"

Solo vi a dos personajes, el primero no era humano, sino que era un robot con inteligencia artificial, de aspecto humanoide y bastante tosco.

Mi intuición hacía las preguntas y las respuestas me llegaban de manera cuasi automática.

El robot estaba al servicio de los humanos que trabajaban en ese proyecto desde hacía 70 años, o sea que la inteligencia artificial y la robótica tienen más años de los que creemos. Aquí tengo que reconocer que puede haber un error de interpretación ya que no estoy seguro si este robot tiene 70 años o es de la época de los años 70. No me quedó muy claro.

De todas maneras en los años 70 tampoco estaba la tecnología tan avanzada como para crear un autómata de esas características.

El robot hacía de enlace y daba soporte a los niños que estaban en contacto con la gran roca negra.

Bien como traductor o recopilador de las frases que lograban los chicos descifrar.

Era un robot lingüista, todo el trabajo que allí se realizaba era una inmensa tarea de estudio y traducción del "código universal"

Sospecho que este código perteneció a quien construyó la pirámide empleando su poder de trasformación de la materia e incluso voy más allá y me atrevo a aventurarme que proviene de los antiguos Elohim.

Los Elohim, según los escritos antiguos, fueron los constructores de mundos, los arquitectos de sistemas y planetas.

El de nuestro mundo fue Elohim-Jehová

Ellos empleaban este código o lenguaje para formar los mundos por todo el universo y lo dominaban a la perfección. Recuerdo que en los textos antiguos aludían a la palabra como primer elemento creador.

Pero el robot no era el único que se encontraba en la sala de mando, había alguien más con él, que era quien estaba al mando de todo.

Pude asomarme y dirigir mi atención a la otra persona que daba las órdenes.

Para mi sorpresa vi a una mujer, de unos sesenta años aproximadamente.

Aspecto rollizo y el pelo anaranjado, era muy severa y autoritaria.

Sin duda ella estaba al mando y por lo que pude intuir mi presencia invisible ante esta mujer podía verse afectada.

Esta dama estaba sentada en una especie de silla que se movía a su voluntad. No puedo decir que era una típica silla de ruedas, porque no las tenía. Más bien parecía levitar. Tampoco puedo decir que la mujer estaba impedida, porque no lo detecté así, sino que más bien era un asunto de comodidad.

Sentí que ella podría en cualquier momento detectarme y las consecuencias tanto para mí como para mi compañero que se encontraba debajo de la sala de mando no serían nada buenas.

Por eso mismo no pude hacer un escaneo completo de esta señora.

Solo fue después y analizando las cosas que puedo hacer algunas hipótesis de quién es esa mujer.

De hecho en cuanto la mujer se percató de algo extraño en la sala salimos a toda prisa mi compañero y yo abandonando el lugar.

Pero habíamos conseguido nuestro propósito de infiltrarnos en el complejo y observar qué se está haciendo en ese lugar.

Fin de la experiencia

Conclusiones

En primer lugar quisiera trasmitir la idea de que lo que acabo de relatar es un viaje Astral realizado por mí mismo, con todas las consecuencias que pudieran derivarse de tal efecto.

Dado las investigaciones que llevo realizando desde hace años sobre este tema de las capacidades de la mente humana en ciertos estados de conciencia alterada puedo aseverar que lo que vi podría tener una validez como veraz en un 70-80%.

• Me atreví a publicar esta experiencia a raíz de conocer, recientemente, el reportaje de una periodista Neo Zelandesa Breanna Barraclough

• En dicho reportaje la periodista fue invitada a visitar las instalaciones laboratorio Antártico de Arrival Heights muy cerca del laboratorio del área 122 de la Antártida por el gobierno Neo Zelandés que comparte con el gobierno Norte Americano, cerca de la base Norte Americana de McMurdo

• Solo le fue permitido el paso a ciertas instalaciones obsoletas

•Ella pudo observar que a poca distancia se encontraba otra base similar pero al lado de lo que parecía ser una montaña con una forma muy similar a una pirámide.

• En esas otras instalaciones fueron en las que me infiltré

• Publico esta entrada por varias razones

• Una de ellas es que soy un gran amante y buscador de la verdad

• Me produce una gran decepción vivir rodeado de constantes ocultamientos y mentiras por parte de nuestros queridísimos gobiernos.

Ahí queda eso

Noviembre 2020

He decidido incluir esta experiencia porque me pareció tan excepcional y no quisiera que no pudieran disfrutarla de la misma manera que pude hacerlo.

Ha sido tan reciente que casi no entra en la edición de este libro, pero he querido hacer un pequeño anexo para darle cabida.

Como siempre digo, tómense esta descripción con la misma liviandad que posee una golondrina al abandonar el nido.

Hecha esta aclaración, vamos al grano

Dado que el Astral últimamente está muy alborotado y uno no puede salir con las garantías de antaño ya que está mucho más vigilado, me las he tenido que ingeniar para sortear los controles que los gestores planetarios nos han impuesto a los viajeros.

Si amigos lectores en el Astral hay controles de acceso y en todo este año 2020 se han puesto tan pesados como los que tenemos en el plano físico

He encontrado una manera, de momento, efectiva, para sortear estos controles al estilo Riddik, me encanta ese personaje, tenemos mucho en común, sobre todo el término de "escapista" nos viene que ni pintado a los dos.

Ya empleé esta misma técnica del desdoblamiento doble en mi aventura en la Antártida, quizá fue ese el motivo por el que alguien me seleccionó para esa acción de espionaje astral.

La técnica no es sencilla y según Carlos Castaneda es uno de los retos a los que debe enfrentarse un brujo si quiere ganarse el carné de maestro.

Consiste en desdoblarse desde dentro de un sueño.

Primero se debe adquirir la lucidez de que estás soñando, acto seguido debes dormir en ese sueño e inmediatamente salir con tu cuerpo astral desde ese sueño.

Esto merecería un curso completo dedicado solo este fin, algún día puede que lo cree para la escuela, para viajeros avanzados.

La experiencia se dio durante mis ejercicios de la tarde, fue buscada y provocada.

Adquirí la lucidez al poco de pasar las fases previas al sueño REM, justo en la delgada frontera, pero y como hago últimamente aparecí en otra cama, en otro lugar, indeterminado y supe al instante que desde allí podría saltarme los controles que hay en el Astral.

Solo así puedes sortearlos, te escapas a su control y te da la libertad de ir allá donde más te apetezca, sin interferencias, ni barreras psíquicas, ni guardianes ni falsos seres luz angelicales que como te vean por allá te facturan de vuelta con una pertinente patada en tu trasero astral.

Esta es la razón por la que no tengo ni guías, ni guardianes, ni protectores y ni los quiero, simplemente están ahí para impedirnos el paso al verdadero mundo astral.

Hace muchos años que aprendí a viajar solo y ligero de equipaje.

Todo aquel que se te presente como guía, hermano superior o ser de luz en realidad es un guardián de le Matrix y su función es impedirte el paso al conocimiento que allá se oculta por todos los medios.

Lo he dicho en numerosas ocasiones, son artimañas para evitar que descubramos la verdad.

Todas sus estrategias pasan por sembrar ciertas semillas en el plano físico que alguien, en su día dio como válidas y de ahí se originaron todas las corrientes que conocemos como religiones y filosofías espirituales.

De esta manera el pobre incauto cae en sus redes del engaño.

Todo esto no quiere decir que yo esté libre de toda esta patraña y que lo mío es lo verdadero y todo lo demás es falso. Por Dios que no pretendo tal cosa. Creo que simplemente nadie conoce la verdad última y estamos dando palos de ciego. Lo único que nos diferencia es que algunos tenemos la inmensa suerte de habernos librado de tan solo unos cuantos eslabones de la cadena que nos retiene y podemos asomarnos un poco más a la valla que nos separa de la realidad, pero eso no nos otorga más que un pequeño grado de libertad sin obtenerla en su totalidad.

Porque si así fuera seríamos todos libres

Volvamos al tema que nos trae, en esta ocasión hice un pedido, un deseo de traslado a un lugar muy concreto.

Ya lo hice en otro viaje hace tiempo, pero en aquella ocasión mi pedido no fue expresado con toda la exactitud que requieren estos mandatos.

En aquella vez solicité ir a "la época de las pirámides en la Tierra" y tal como lo solicité allá me trasladé.

El problema fue que la petición no fue lo que yo esperaba.

Mi intención era trasladarme a la época del antigua Egipto, justo en el momento en que se estaban construyendo las grandes pirámides que todos conocemos, la meseta de Guiza, pensará usted.. Yo también pensé lo mismo y mi sorpresa fue mayúscula al ver que no fui ni a ese lugar ni mucho menos a ese tiempo.

Resulta que la época más gloriosa de las pirámides en la Tierra no era esa que usted y yo pensamos.

Mi petición fue cumplida, porque efectivamente me llevaron a un tiempo en el que las pirámides estaban por toda la Tierra pero me trasportaron 250.000 años atrás en el tiempo. Vea el capítulo "Nuevas experiencias y avances" página 72

Esta vez y acordándome de mi error la petición fue mucho más concreta para que no llevaran a otro lugar que no fuera el solicitado

Hice la siguiente petición: "Quiero ir a la época de la construcción de la gran pirámide de Egipto"

Una vez hecha la petición hice un picado contra el suelo y lo atravesé

Me mantuve con los ojos cerrados durante el corto trayecto, es como si te introdujeras en un enorme agujero de gusano y tu cuerpo se descompone en millones de partículas subatómicas que se desplazan a una enorme velocidad durante todo el trayecto.

Una vez cesó la sensación de movimiento abrí los ojos y en esta ocasión mi petición se cumplió tal y como yo solicité.

Lo primero que vi fue un enorme edificio de piedra, podría tener una longitud de 150 o más metros por unos 40 o más de ancho y no alcanzaba a ver su altura con exactitud, pero era muy alto, puede que cercano a los 100 metros, puede incluso que fuera mayor.

El edificio estaba hueco por dentro, era una especie de almacén, pero no albergaba enseres.

Lo que contenía en su interior era un sofisticado mecanismo compuesto de muchas y grandes vigas que estaban colocadas a gran altura. Podrían ser perfectamente una veintena.

De las vigas colgaban una especie de correas que estaban hechas de un material desconocido, asemejaban ser de un metal, para mí extraño y semejante a un color amarronado, como si fuera hecho de piel de algún animal, pero mezcla material orgánico y metálico.

Las correas tenían segmentos que les daban flexibilidad y no pude apreciar cómo se unían entre sí. Eran muy largas y parecían extremadamente resistentes y flexibles, como para poder soportar unos enormes pesos.

Estas correas estaban sujetas a las vigas por lo que me parecieron unos cabrestantes múltiples con juegos de extrañas poleas.

Un mecanismo que deduje que podría elevar grandes pesos con relativo poco esfuerzo.

Además de las poleas existían unos enormes brazos articulados, que partían de los cabrestantes y que serían semejantes a lo que hoy denominamos grúas y éstos eran los encargados de la colocación de las enormes piedras

Este edificio estaba justo en uno de los lados de la gran pirámide y creo que era el sistema que emplearon para su construcción.

Una vez construida la gran pirámide el edificio se desmontó dejando en solitario la construcción que todos conocemos.

Y ahora usted dirá y con toda la razón del mundo ¿será eso posible? ¿Qué pruebas o vestigios podemos tener hoy de esa teoría?

Pues yo me hice la misma pregunta y le quiero mostrar lo que encontré

Justo en un lateral de la pirámide podemos apreciar un rectángulo de las mismas características que podría haber tenido el edificio de construcción.

Desde ese edificio se podría haber construido el monumento

Mi sorpresa fue mayúscula al ver este rectángulo en varias fotos aéreas de la meseta de Guiza. Era una prueba de que mi viaje astral podría estar en lo cierto y la cosa no quedó solo ahí.

Otra sorpresa fue que pude ver quiénes eran los habitantes de aquella época y lo que pude deducir es algo que no les va sentar bien a los propios egipcios ya que no fueron a ellos a quienes vi.

Fue otra civilización, mucho más avanzada y con unas tecnologías que incluso hoy en día se nos harían complejas de comprender a nosotros mismos.

Por las nociones que tengo yo diría que pudieron ser el pueblo Atlante quienes construyeron todos los monumentos de lo que hoy conocemos como el antiguo Egipto.

Hay decenas de construcciones y de estatuas enormes que no se les ha podido dar
una explicación exacta de cómo fueron realizadas, más teniendo en cuenta que
en aquella época no se conocían ni los sistemas de poleas y tampoco se puede
creer que con simples cinceles de bronce consiguieran tal perfección en los
tallados de ciertas estatuas. Algunas de ellas de rocas de una dureza extrema y
que con nuestra actual tecnología apenas lo podríamos igualar.

No, no fue el pueblo egipcio, lo siento pero fueron los Atlantes quienes
construyeron todos los monumentos y estatuas que hoy son atribuidos al pueblo
de Egipto.

Por lo menos eso lo pude ver de esa manera que les relato

¿Cómo eran los habitantes de aquella época?

Por lo que pude ver diría que eran de aspecto similar a los pueblos
Mediterráneos, podrían pasar por antiguos griegos, hispanos o romanos.

Nada más llegar me topé con un sujeto que debía ser militar o de algún tipo de
agente de seguridad de aquel recinto.

Se percató de mi presencia y me dio el alto, cosa que omití porque no fui allá
para que me detuvieran antes de darme una vuelta.

Me zafé sin muchos problemas de mi perseguidor y me dirigí a una gran sala
donde estaba al que pude determinar como uno de los jefes espirituales o
políticos de las Atlantes.

Podría ser su Rey, por las indumentarias finas y elegantes que portaba,   no
indagué en este asunto.

Un personaje de mediana edad, el pelo cano de estatura media y de complexión
delgada

Una túnica blanca con bordado en oro muy elaborado, sencillo pero muy
elegante y una especie de corona también dorada en su cabeza.

Era un tipo bastante excéntrico y de carácter nervioso e impulsivo.

Me invitó a seguirlo porque se disponían a realizar una ceremonia religiosa o mística y me encargó de portar una fina bandeja con ofrendas de joyas y piedras preciosas al templo donde tendría lugar la ceremonia.

El tipo salió a toda prisa de la instancia donde estábamos y a mí se me cayó al suelo la bandeja con todas las alhajas.

Me dispuse a recogerlas y mientras lo hacía una joven se acercó y me ayudó en mi tarea de reparación del pifostio que organicé.

La chica era bastante joven de unos veinte años aproximadamente, se mostró muy amable conmigo y entre los dos recogimos todas las joyas que por torpeza mía quedaron desparramadas por el suelo.

La joven se estaba preparando para la ceremonia religiosa que estaba por acontecer y de alguna manera supe que ella era la ofrenda a esos supuestos dioses benefactores.

Lo que me dejó algo inquieto y que de darse lo que me temía seguro que no iba a permitir que se produjera tal barbaridad con aquella chica.

Acto seguido hizo incursión en la escena otra mujer de mediana edad y que con muchas prisas nos azuzó para que fuéramos todos al lugar de la ceremonia.

La mujer en cuestión de segundos realizó algo que se podría describir como un conjuro.

El cual elevó a la chica joven y la colocó de manera horizontal en una levitación hipnótica para que se pudiera trasladar fácilmente hasta la sala de la ceremonia.

Mi mente en ese momento comenzó a divagar, era como s i ese mismo conjuro me nublara mis pensamientos, que de alguna manera turbara lo que allí estaba aconteciendo.

Hice grandes esfuerzos para mantenerme lúcido y sobrio dado el ambiente embriagador que desprendió aquel potente conjuro.

Luego me percaté de que ese mismo tipo de magia la podrían haber empleado en la construcción de los grandes monumentos que hay por toda la faz de la Tierra. Quizá ese conjuro ablandara la dura superficie de la roca y la dejara en un estado de maleabilidad temporal perfecto para sus fines.

Nos dirigimos todos a la sala de ceremonias, donde aguardaba el Rey o sumo sacerdote o mago, no sabría decirles con certeza, lo único que sí me quedó del todo claro y seguro fue su enorme excentricidad.

La ceremonia comenzó con el conjuro del extraño Rey, un lenguaje que no pude comprender, en una lengua irreconocible para mí.

Con un gran báculo en su mano derecha alzándolo y haciendo círculos porfería su invocación a todo trapo.

El ambiente cambió, se tornó más espeso y pesado como si nos hubiéramos trasladado al fondo del mar, una sensación similar a cuando hago incursiones.

Reconozco que lo que pasó a continuación pudo ser, perfectamente, una gran ilusión colectiva de todos los que allí estábamos presentes.

Justo delante del Rey o Gran sacerdote, reconozco que no me quedó claro este concepto, hizo aparición una criatura de apariencia reptil dotada de tres cabezas.

Fue como si surgiera de la nada y se materializó delante de mis incrédulos ojos.

La criatura tenía malas pulgas y estaba de mal humor, no sé si por haberla despertado y sacado de su ambiente o todo formaba parte de un espectáculo predefinido como tal para causar más sensación.

El caso es que lo consiguieron, se creó un ambiente de suma tensión en la gran sala.

Acto seguido el reptil, mitad ofidio y mitad galápago comenzó a incrementar su tamaño y con ello su amenazante aspecto.

No podíamos eludir el espectáculo porque las puertas del recinto estaban cerradas, así que no me quedó más remedio que asistir al desenlace.

La inmensa tortuga se bregó con otro ejemplar que de la nada más absoluta apareció sin previo aviso.

La batalla era a muerte y después de varios envites una devoró a la otra pisándole la cabeza.

A partir de ese momento la escena empezó a desvanecerse y con ella mi viaje.

Conclusiones

No hubiera incluido este fantástico viaje de no haber encontrado un gran indicio que me sugirió la posible "veracidad" del mismo.

Al buscar las imágenes aéreas de las tres pirámides de la meseta de Guiza hallé el perímetro de un gran rectángulo que me sugirió pudo ser los restos de una construcción aledaña a las propias pirámides.

Mi sorpresa fue mayúscula y le aseguro que me dio un vuelco el corazón al comprobar este detalle viendo las fotos que arriba incluyo.

No quiero decir que todo lo que les acabo de relatar fuera tal y como lo describo, es subconsciente tiene infinidad de trampas y le encanta jugar con nosotros y con nuestra percepción de eso soy plenamente consciente.

Pero cuando se pueden comprobar y corroborar ciertos datos con nuestra realidad física el asunto cambia.

No quiere decir que se pueda validar todo el relato porque simplemente es una tarea imposible pero sí nos da pistas de cómo pudo ser o de una aproximación a la verdad.

Me encantaría que todos los historiadores, arqueólogos, lingüistas e investigadores del pasado pudieran experimentar las salidas voluntarias del cuerpo puesto que nadie mejor que ellos con todos sus conocimientos podrían darnos una visión casi perfecta de cómo fue nuestra historia

Y hasta aquí hemos llegado, espero de corazón que le haya, por lo menos, entretenido todas mis locuras, que no son pocas y todavía me quedan muchas más que se han quedado en el teclado a espera de ver algún día la luz.

La línea entre los mundos se hace delgada y esquiva pero a medida que hayamos más exploradores la podremos ensanchar.

Muchas gracias

Manuel Alcaraz Paterna

Si le interesa aprender a cómo realizar un viaje astral disponemos de cursos online en diferentes formatos y también presenciales en Madrid (España)

Diríjase a

Astralis. La escuela de sueños lúcidos y viajes astrales

http://www.astralisescuela.com/

manuel@astralisescuela.com